中国农业大学
国家农业农村发展研究院

大邦之本
中国农村改革40年

THE SOURCE OF GREAT NATION
FORTY YEARS OF CHINA'S RURAL REFORM

苏保忠

马 铃

陈锡文／顾问

辛 贤／编著

中国农业出版社
北 京

Introduction
编写说明 >>>

　　食为政首，农为邦本。2018 年，是我国改革开放 40 周年，也是中国农村改革 40 周年。40 年来，在党的领导下，我国农村改革波澜壮阔，农业农村发展取得了历史性成就、发生了历史性变革，为党和国家事业全面开创新局面提供了有力支撑。《大邦之本：中国农村改革 40 年》，以"三农"专家答记者问的形式，从农村改革总体历程，到中国农地制度变革、农业剩余劳动力的大迁徙与再配置、农民补贴体系、农业组织及农民合作社的作用、农业与农村公共投资、粮食生产的农业环境政策、食物消费、非农就业、农村教育改革、农村减贫、农村能源政策以及城乡关系演变 12 个维度，系统回顾总结中国农村改革发展 40 年的光辉历程和宝贵经验，并对未来变革发展的前景进行展望。本书对于全面贯彻落实党的十九大精神，进一步推进农村改革发展，大力推进农业经营体系和农业科技创新，坚定走中国特色社会主义乡村振兴道路，全面建成社会主义现代化强国，具有十分重要的意义；同时，也能够为世界范围内传统农业的改造提供借鉴。

本书编写主要有以下特点：

1. **时代性**。中国的改革开放是从农村改革首先发起的。在纪念中国农村改革 40 周年之际，本书紧扣时代脉搏和发展特征，全面、系统回顾和总结改革开放以来中国农村各项改革所取得的巨大成就和经验，具有鲜明的时代特征。

2. **新颖性**。与以往的学术著作不同，本书通过学术采访（一问一答）的方式展示相关内容。编者与专家的互动在形式上突破了传统图书的章节编排设计，具有较强的新颖性。

3. **系统性**。本书在内容筛选上既有全面回顾，又有重点分析，在覆盖广度和深度上皆有体现，总体历程回顾与各分部演变分析之间相辅相成，具有较强的系统性。

4. **权威性**。本书各部分内容的学术访谈对象均为"三农"领域的知名专家和学者，他们在各自领域的见解和观点具有较高的学术权威性。

接受本书学术访谈的专家、学者如下：>>>

陈锡文　第十三届全国人民代表大会常务委员会委员
　　　　全国人大农业与农村委员会主任委员
　　　　中国农业大学国家农业农村发展研究院院长兼首席专家

罗必良　教育部长江学者特聘教授
　　　　华南农业大学国家农业制度与发展研究院院长

蔡　昉　第十三届全国人民代表大会常务委员会委员
　　　　全国人大农业与农村委员会副主任委员
　　　　中国社会科学院副院长、学部委员、研究员

Kym Anderson　　澳大利亚社会科学院院士
　　　　　　　　　阿德莱德大学经济学院乔治·高林名誉教授

黄祖辉　浙江大学中国农村发展研究院院长
　　　　浙江大学农业现代化与农村发展研究中心（卡特）主任

樊胜根　美国国际食物政策研究所（IFPRI）所长
　　　　国际农业与农村发展研究中心（ICARD）主任

张福锁 中国工程院院士、教育部长江学者特聘教授
中国农业大学资源环境与粮食安全研究中心主任

于晓华 德国哥廷根大学农业经济与农村发展系
库朗贫困、平等和增长研究中心教授

张林秀 发展中国家科学院院士
联合国环境署国际生态系统管理伙伴计划中心主任

Scott Rozelle 斯坦福大学弗里曼·斯珀格里国际研究所资深研究员
农村教育行动计划联合主任

刘彦随 发展中国家科学院院士、教育部长江学者特聘教授
中国科学院精准扶贫评估研究中心主任

何凌云 教育部新世纪优秀人才
暨南大学经济学院教授

张正河 国家"三化同步"战略研究首席专家
中国农业大学经济管理学院教授

目 录 Contents >>>

专题一

中国农村改革的历程：1978—2018 年

陈锡文 1950 年生人。现任第十三届全国人民代表大会常务委员会委员、全国人大农业与农村委员会主任委员，中国农业大学国家农业农村发展研究院院长兼首席专家。历任中央财经领导小组办公室副主任、中央农村工作领导小组原副组长兼办公室主任。中国共产党第十六、十七、十八次全国代表大会代表，第十一届全国政协委员、经济委员会副主任，第十二届全国政协常委、经济委员会副主任。当代中国权威的农村问题专家，也是真懂中国农村的官员，先后 18 次参与中央 1 号文件的起草、制定工作，对农业与国民经济关系、农村土地制度、农业经营体制、国家粮食安全、农民收入增长、农村工业化、城镇化等问题有深入思考，发表了一系列论著，曾多次获得孙冶方经济科学奖。

观点摘要 >>>

1. 尽管在1978—2018年中国农村改革的40年间，中国农业GDP所占比重在逐年下降，但是，农业在社会发展中的重要地位从未改变。"三农"工作一直是中央政府工作的重中之重。

2. 就当前农村发展面临的问题和挑战而言，粮食是关系到国计民生的最重大的问题，而城乡之间收入差距不仅是最突出的，也是制约最大的。

3. "保障农民的经济利益，尊重农民的民主权利"，是党的十一届三中全会确立的党中央处理与农民关系的基本准则，也是过去40年国家制定"三农"政策的重要依据。

4. 按照市场需求来配置资源最早是从农村开始的。改革开放以后逐步形成的以公有制为主导、多种所有制经济共同发展的格局是由农民创造的。农村基本经营制度的确立，为确保农业的健康有序经营奠定了基础。

5. 20世纪80年代，中国发达地区就已广泛推广清晰所有权、稳定承包权、搞活经营权。而关于当前提出的"三权分置"，重要的是，必须从政策和法理上明晰这三者之间的关系以及各自拥有的权利。

6. 从国家发展角度看，二元经济结构在一定时期内是难以避免的。中国的问题在于，为了加快工业化，通过计划经济的手段把城乡二元结构的这种状态通过制度固化，成为城乡二元分割的体制。

7. 面对中国的人口城镇化问题，要有足够的历史耐心。中国必须走一条城镇化和新农村建设并行不悖、双轮驱动的道路，要一手推进新型城镇化，一手加快农村建设。与此同时，政府要注重提高农村基本公共服务和社会保障，使城乡之间的公共服务均等化。

8. "十三五"时期是中国实现全面建成小康社会阶段性目标的攻坚期。补齐农业和农村的短板是全面建成小康社会的关键所在。

　　实现中华民族伟大复兴是近代以来中华民族最伟大的梦想。全面、彻底地解决好"三农"问题，是关系这一伟大梦想能否实现的一项重大战略任务。党的十九大谋划了新起点上的行动纲领和大政方针，明确了新时代做好"三农"工作的总抓手是实施乡村振兴战略。因此，认真、深入地探讨如何扎实推进乡村振兴战略，对书写好中华民族伟大复兴"三农"新篇章有重要意义，也是中国农业大学国家农业与农村发展研究院的使命担当。

　　"农，邦之大业也。"解决好"三农"问题，始终是中央政府工作的重中之重。站在新的历史起点，回顾发展进程，不难发现，具有划时代意义的农村改革事业之所以能够在波澜不惊中顺利推进，是因为得益于一系列中央1号文件的成功指引。

　　众所周知，中央1号文件现已成为中央政府重视农村问题的专有名词。而使"中央1号文件"这一普通名词变为专有名词者，陈锡文主任居功至伟。陈主任在中国农业大学担任原中国农村政策研究中心的主任和专职教授，现任国家农业与农村发展研究院院长、首席专家。我们听过他很多次报告，因而清楚地知道，他对"三农"问题的解读不仅具有纵深性，还具有系统性，许多枯燥和难以理解的政策、条文，在他的讲话里都有着丰富的思想和有趣的故事。

　　那么，自1978年来的40年间，我们中央政府在"三农"方面到底做了什么，当前还面临什么问题，到全面建成小康社会，我们能做到什么样，到21世纪中叶我们又该如何展望，这些问题大家都高度关注。因此，在中国农村改革40周年之际，围绕上述相关问题，我如约对陈锡文主任进行了专访。

（辛　贤）

辛贤：陈主任，您好！中国农村改革已经走过了整整 40 年。40 年来，中国农村改革不断深入推进，取得了明显成就。但同时我们也发现，随着农业与农村改革的深入，中国农业 GDP 所占比重却在逐年下降。对此，您有何评价？

陈锡文：是的。从 1978 年到现在，中国农村改革已走过了 40 年。在此期间，中国的农村改革不断深入推进，的确取得了显著的成果和成绩，这个必须承认。中国经济体的快速发展不仅吸引了世界各国的瞩目，且随着对外开放程度的加大、国际经济往来的加深，还对全世界都产生了较大的影响。中国经济的飞速发展离不开在"三农"问题上取得的工作进展，更离不开第一产业做出的巨大贡献。众所周知，第一产业是全社会经济社会发展的基础，而"三农"问题又关系着经济和社会的稳定。尽管在 1978—2018 年中国农村改革的 40 年间，中国农业 GDP 所占比重在逐年下降，但是，农业在社会发展中的重要地位从未改变。"三农"工作一直是中央政府工作的重中之重。

辛贤：1978 年以来，中国的粮食总产量不断攀升。从世界范围看，中国的人均粮食拥有量处于一个什么水平？在粮食生产上，还存在哪些问题？

陈锡文：中国农村改革在取得世人瞩目成就的同时，面临的问题和挑战也较为突出，其中粮食是关系到国计民生的最重大的问题。1978 年，粮食产量有 6 095 亿斤①，而 2017 年粮食产量达到 12 358 亿斤，增长了一倍多。在 40 年的时间能够使得一个国家的粮食产量翻一番多，我想世界上没有哪个国家能做得到。在改革开放初期，中国拥有 9 亿多人，而当时粮食产量仅有 6 000 亿斤，人均仅拥有 600 多斤粮食。而目前，中国的人均粮食拥有量达到了 900 多斤，高于世界平均水平。中国人在饮食问题上，当然有安全问题、营养不均衡等问题，但从一般意义上说，老百姓吃的还是好的。

---

① 斤为非法定计量单位，1 斤 = 0.5 千克。下同。——编者注

辛贤：您以前多次讲过，农民增收问题是"三农"问题中最根本、最突出的问题。那么，改革开放 40 年来，我国农民的增收情况怎样？同城镇居民收入相比，农民增收情况又经历了哪些变化？

陈锡文：在中国的发展中，存在着各种各样的差距，其中城乡之间收入差距不仅是最突出的，也是制约最大的。我们知道，1978 年中国农民人均纯收入为 134 元，而 2016 年农民人均可支配收入为 13 432 元，剔除物价因素，年均增长率达到了 7.3%，比城镇居民的增幅高 0.8 个百分点。此外，1978 年的城镇居民人均纯收入为 343 元，当时的城乡居民收入差距是 2.57 ∶ 1，而 2017 年城镇居民人均可支配收入为 33 396 元，城乡居民收入差距是 2.71 ∶ 1。这说明尽管中国农村居民的收入不断增长，但是城乡收入差距是在扩大的。但是，2010—2016 年城乡居民收入差距在不断地缩小，城镇居民收入增长幅度略低于农民。因此，当前的农村政策需要千方百计地保持住这一良好的发展势头，不能让城乡居民收入差距拉大。

辛贤：您如何看过去 40 年间的农村发展？在这期间，党和政府为了农村改革的实践和创新都做了哪些事情？

陈锡文：在过去的 40 年里，在不同的阶段我们都做了必须做、应该做的事情。

其间，我们党做出的重大决定之一就是在改革开放之初确立了党中央关于如何正确对待农民的基本问题，并在十一届三中全会提出了我们党和政府树立同农民关系的基本准则。这个基本准则就是十一届三中全会的决定——《中共中央关于加快农业发展若干问题的重大决定》。这个决定是党的历史上比较罕见的一个决定，由于存有不同意见，所以是原则通过。这个全会决定经过 9 个月的实践后，在 1979 年 9 月，中央召开十一届四中全会上才正式通过。该决定之所以非常重要，不仅在于它是改革开放初期党中央出台的指导"三农"领域的、推动改革的一个重要文件，更在于党在"文革"结束以后，认认真真地总结了我们党同农民的关系，以及分析、研究应当怎么做才能处理好党和农民的关系。

辛贤：党的十一届三中全会前后，党和政府在处理与农民的关系方面经历了哪些变化，全会决定就涉农政策的制定做出了什么具体规定呢？

陈锡文：我想回顾历史大家都知道，中国共产党是依靠了农民的力量才夺取了全国的政权，虽然我们党是工人阶级的先锋队，但是从力量上来讲，工人阶级的力量很弱，因此必须依靠农民力量支持、拥护共产党，否则共产党很难夺得政权，甚至生存都是问题。对于这一点，我想我们党同样是这样的，因此党对农民是非常感恩的。同时，中国共产党是通过全国性的土地改革，彻底铲除了封建主义的地主主义所有制，帮助农民实现了夙愿，让农民有了自己的土地。土改赢得了亿万农民的心，让农民真心诚意地支持解放全中国，支持共产党。

由于中华人民共和国成立初期中国的工业非常弱小，要突破整个西方世界对我们的封锁，就要加快推进国家的工业化。我们面临的第一个大问题就是工业化的资金从哪里来。从这个意义上讲，注定了中国的农民要为中国的最初工业化做出贡献。除西藏和新疆，我们的土地改革在 1952 年全部完成，随后 1955 年提出搞合作化。这对农民来说，不仅利益上受损，情感上也受到伤害。

快速积累起工业化资金的逻辑就是通过一系列的革命性变革，包括农村的统购统销制度和"一化三改"（即资本主义工商业改造、手工业改造和对小农经济的改造），使得政府控制尽可能多的资源，一方面用于满足人们消费，另一方面用于工业化发展。在此背景下，虽然在一定程度上损害了农民利益，但由于中华人民共和国成立初期城市的粮食供应极度困难，统购统销成为必须之策。

从这个意义上讲，共产党在确立政权之后，让农民高兴了三年，随后随着上交公粮就开始越来越"不高兴"。因为统购统销的实质是除保证农民的基本生活之外全部都拿走，这对农民来说是非常困难的：第一，剩下的粮食不见得使农民吃得饱；第二，农民本来可以从事手工业即所谓男耕女织的农村经济被摧毁，所有原料都被拿走了；第三，这样使农村过去的农产品集散地的小集镇马上凋敝了，没有东西可卖了。粮食上交政府，重要的农产品归政府购买，于是农民生活就陷入了困难。

为了尽可能地把农业转到工商业中，再把工商业中的利润尽可能地积聚到政府手里，整个国家要实行城镇里面实行低工资、低福利的政策。为了减少农民进城增加的支出成本，政府在1958年开始实行户籍制度，限制农民进城。由于政府政策原因，在相当长时期内，农村经济处于停滞状态，农民生活非常困苦。因此，到改革开放，十一届三中全会经过总结中华人民共和国成立以来的历史经验教训，并进行反复推敲和重新整理，归纳出来两句话：在经济上保障农民的物质利益，在政治上尊重农民的民主权利。至此，确立了政府对待农民的基本原则。

这两句话后来经过进一步概括，提炼为：保障农民的经济利益，尊重农民的民主权利。十一届三中全会之后，实际上党中央在审视各种大的政策时都从这个角度考虑：会不会伤害农民，农民赞成不赞成、满意不满意。这两句话是我们改革开放新时期考量重大问题的基本出发点，已成为每一次党中央和政府文件起草的根本依据。这是思想上和认识上的一个转折。

辛贤：在过去40年间，我国的农业取得了较大增长。您能否谈谈中央政府的政策对农业增长所发挥的作用？

陈锡文：大家知道林毅夫先生的博士论文是关于这方面的。他把十一届三中、四中全会的决定归成制度变迁，而且明确地提出实行家庭承包制使当时中国农业增长了60%～70%。还有30%～40%是什么？实事求是地说，党的价格政策、购销政策在其中也是非常重要的。

十一届三中全会决定中提到有这么两句：第一句是十一届三中全会的决定中提到要让农民休养生息，所以从1979年开始减少向农民收购征购50亿斤粮，这50亿斤粮食转而通过进口来弥补。对谁减征呢？农村人均口粮一年不足 400 斤的稻谷产区和农民人均口粮不足 300 斤的北方旱粮产区，一律不收。而在十一届三中全会决定出台之前，对即使没有达到以上口粮水平的农民，可能也要征收粮食。农民一年的口粮大概为 250～280 斤。而城市的情况也不乐观，1953 年实行统购统销，直到 1993 年前没有粮本就买不到粮食，没有粮票就寸步难行。计划经济把整个国家的人口按照年龄和劳动强度分成九个等级，依次配额供给粮食，当然不可避免给很多人带来了不便，但在当时的情况下，不进行计划就可能出现一部分人多吃两口另一部分人饿肚子的现象了。当时的现实是不但农民很苦，而且城市也并不宽裕。因此减征50 亿斤粮食，让农民休养生息，是个非常大胆的决定，是一个大政策。

第二个大政策是文件决定从 1979 年夏粮上市开始，把粮食的订购价格提高 20%，同时还出台了增购和统购任务。增购是在面临城市粮食供给不足情况时，在公粮之外必须承担的任务，而统购则是必须交由国家收购。针对完成任务的公社、生产大队和生产队的余粮采取加价超购，1978 年以前比统购价格高 30%。十一届三中全会后，统购价值高到 20%，即超购价格相当于统购价格的 150%。这增加的 50% 极大地调动了农民的积极性，在这一政策实施后，粮食产量立即增长。当然这里头到底百分之多少是来自于制度变迁，百分之多少是来自于供销制度和价格？林毅夫告诉我是三七开，现在回想，大家还可以思考农民的积极生产行为是怎么被调动的，到底是制度变迁还是价格，这些问题还可以进一步去研究。

辛贤：就贯彻保护农民利益这一基本原则而言，还有哪些体现呢？

陈锡文：对基本原则的贯彻还体现为包产到户。小岗村作为农村改革的旗帜，是包干到户的先行实践者。包产到户具体是指：农户承包某块土地上的产量，其承包产量归生产队。如果完成了生产队任务则按规定记工分发口粮，没完成则扣工分、扣口粮。而农户超产时则与生产队进行分成。包干到户则是"大包干，直来直去，不拐弯"（小岗村农民自创顺口溜），具体是指：交足国家的，留住集体的，剩下则是农民自己的。包干到户和包产到户有着巨大差异，包干到户的重大意义在哪里？包产到户条件下农村的基本核算单位仍然是生产队，而包干到户则是分开的。包干到户后，基本核算单位具体到农户，而生产队的核算就转变为公共事务方面的核算。更重要的是，包干到户之后，给了农民根据市场需求自主配置资源的权利。

按照市场需求来配置资源最早是从农村开始的。大包干后，农民根据市场调节生产，有了自己的剩余，开始逐步发展手工业、加工业。包干到户不仅是增产粮食，还引入了市场机制，从一定意义上说，改革开放以后逐步形成的以公有制为主导、多种所有制经济共同发展的格局是由农民创造的。

小岗村的大包干实践是冒着极大政治风险的。到 1981 年，党中央召开了区委第一书记会，并发布了中共中央 75 号文件。文件指出，只有在吃粮靠返销、生产靠贷款、生活靠救济的"三靠村"条件下可以试行包产到户制度。而实际情况是，包产甚至包干到户被广泛采纳实施，到 1982 年底基本上全部实行。因此，1982 年中央 1 号文件进一步明确提出，多种形式的联产责任制不是资本主义，是社会主义。

1982 年中央 1 号文件提到的多种形式的联产责任制包括专业承包、包产到户等类型，但并没有包干到户。以此可以看出，政府希望更多实行专业承包、包产到户和小段包工这样的形式，希望把核算单位定在生产队。因为生产队失去核算单位的地位等于人民公社就没有了。1982 年中央 1 号文件淡化包产到户、不提包干到户的目的在于维持人民公社的地位。但是 1983 年中央 1 号文件明确提出，联产承包责任制是共产党领导下的我国农民的伟大创造，是马克思主义农业合作化理论在中国实践中的新发展。到 1984 年中央 1 号文件进一步肯定了双包到户，并提出土地承包期限要延长，耕地的承包期延长到 15 年不变，给农民吃下了定心丸。1993 年党中央发布的 11 号文件同中央 1 号文件是完全可以类比的，提出原有承包期到期后继续延长30 年，且 30 年不变。现行法律用的承包 30 年都是 11 号文件提出的。

我讲的这些问题，其实作为中央最高决策层始终在琢磨，我们允许也好，不允许也好，关键看到底符不符合农民的利益，到底是伤害农民还是能让农民高兴。所以我想这是党和政府干了一件非常重要的大事，而这件大事端正了我们党在所有问题上看待农民的态度，这个是最关键的一个问题。

辛贤：我们在 80 年代中期就确定了以家庭联产承包为主的责任制、统分结合的双层经营体制。但是当前无论在学术界，还是在政府部门，大家都在议论"三权分置"，那么当前的"三权"与之前提出的概念存在怎样的关系，其历史根据是什么？

陈锡文：农村基本经营制度的确立，为确保农业的健康有序经营奠定了基础。包产到户、包干到户经过不断概括，到了 80 年代中期逐渐形成以家庭联产承包为主的责任制、统分结合的双层经营体制概念。毫无疑问，中间经历了争议和波动，好在中央及时发现这个问题的关键性和重大性，在 1991 年 11 月 25—29 日召开党的十三届八中全会，反复研究后提了这个概念，即基本经营制度概念。十三届八中全会《中共中央关于进一步加强农业和农村工作的决定》中明确提出，乡村集体经济、乡村集体经济组织实行以家庭联产承包经营为主的责任制和统分结合的双层经营体制，后来被简括为农村的基本经营制度。

党的十三届八中全会明确提出了乡村集体经济，乡村集体经济组织实行以家庭联产承包经营为主的责任制工分结合的双成经营体制。这句话实际上太长了，后来有人概括为农村基本经营制度。第二年修订《中华人民共和国宪法》的时候就把这句话采纳进去了，农村集体经济土地实行这个制度，这个是法定的。

当前热议的"三权分置"，最开始在理论上允许家庭承包经营、两权分立时就有所体现。当时人们广泛认同把承包经营权同所有权都分离出来并不破坏农村土地的集体所有制，不会变成私有制。1984 年中央 1 号文件提出土地承包期延长到 15 年，并鼓励耕地向种田人手里集中。因此，"流转"这个概念虽然是后来产生的，但在 1984 年中央 1 号文件中已经提到。随后在很多发展地区，随着乡镇企业发展和民工进城，农村劳动力减少，农村土地开始出现流转。20 世纪 80 年代，中国发达地区就已广泛推广清晰所有权、稳定承包权、搞活经营权。所以这个基本概念的提出和农民的实践息息相关。而当前提出的"三权分置"，重要的是，必须从政策和法理上明晰这三者之间的关系以及各自拥有的权利。

实际上，土地承包经营权从未被定义属性，人大常委会最初对其解释为土地承包经营权是农村集体经济组织内部的一种承包关系，而且非常明确。此外，在司法解释中也明确它不受《中华人民共和国合同法》的调节。因为合同是市场上两个平等的经济主体自主自愿形成的协议，而农村土地承包中，是土地本来就是农民的，只不过农民不能分割而已。同时，农民需要集体的政策保障，所以也不属于租赁关系。由于强调不受《中华人民共和国合同法》调节，当时很多人不能理解。如果承包关系受《中华人民共和国合同法》调节，那就变成了租赁关系，而租赁关系中土地的最终归属一直都未明晰。

1998 年十五届三中全会召开，党中央起草关于农业农村工作重大问题的决定，指出要抓紧制定相关法律，赋予农民长期而有保障的土地使用权。实际上，可以将其理解成一个中共中央政策向立法机关人大常委会提出立法建议。而土地承包权和使用权经常被混淆，中国所有涉及土地的法律经常是将使用权和承包经营权并提的。而承包经营权实际上特指的是农民家庭承包的土地，承包经营权一直被沿用至今，其目的主要是要规避租赁的歧义。十五届三中全会提出来赋予农村长期而有保障的土地使用权，后经多次沟通中央决定就用这个概念。1999 年初全国人大常委会成立农村土地承包法起草小组，并设立领导小组。在总论中继续提"赋予农村长期而有保证的土地使用权"，然而使用权从第一章一直往下却再没出现，都是承包经营权。

辛贤：这其中的原因是什么呢？

陈锡文：这其中存在诸多理论问题和法律问题，承包经营权是一个什么性质的权利很难进行明确界定。其时物权法还未面世，对于物权、债权等概念，知者也寥寥无几，因此法学专家们认为农民的土地承包经营权就是用物权、财产权的形式提出来，借这个机会将物权的概念推广出去。而实际上，即使是《中华人民共和国物权法》也并未较多提及物权。《中华人民共和国农村土地承包法》清晰明确了享有承包权的主体。首先它是成员权，家庭承包的主体是必须是本集体的农户，外国人是不能得到承包权的，但可以通过流转来经营。同时规定承包期限为30年，并详细规定了承包程序。承包土地以后，农户当然爱惜土地、珍惜土地，但是发包方明确规定，承包期内不得收回承包地，不得调整承包地。因此承包经营权就是以这样一种形态让农民获得了权利，是依法获取的财产权，而不是通过主体的形式去谈判沟通租赁权。

《中华人民共和国物权法》中规定土地承包权属于用益物权，基本上都是沿用了《中华人民共和国农村土地承包法》的概念。当前，党中央提出中国正在做三件事情：第一，对土地确权登记颁证，预计到2018年底可以完成。土地确权登记颁证跟过去的承包是大不一样的，除了文字性条款，还必须把土地的空间位置划进去。第二，2008年十七届三中全会中央关于推动农村改革发展的决定中明确提出稳定农村土地承包关系并保持长久不变。主张"长久不变"要入法，但"长久不变"不属于法律用语，当前正在研究如何确定"长久不变"的法律概念。第三，要落实"三权分置"。当前中国土地流转面积已经超过家庭承包土地面积的三分之一以上。按照承包合同，2016年大概流转了4.7亿亩[①]，占全部家庭承包土地的35.1%。流转土地分为全部流转和部分流转，其参与农户大概已达7 100万户，占23 100万总农户的30%。在"三权分置"提出来以前已属进展较快状态。"三权分置"的概念落实为政策文件后能否加速发展，还需附加其他条件，比如农民的转移、城镇化推进等。现在的问题就是明确从土地承包经营权中分离出来的经营权属于物权还是债权，这对未来的制度有重大影响。从这个角度出发，为了便于推进农村改革，无论法律还是政策，直接采用了很多某种程度上通用的话，将"流转"这个概念列入法律。

---

① 亩为非法定计量单位，1 亩 ≈ 666.7 米²。下同。——编者注

辛贤：土地流转到底是指买卖还是指租赁？城市租赁和农村租赁之间有什么差异？

陈锡文：现在的问题是土地经营权自身属于什么权。如果是物权，轻则会被让度，重则将会被侵蚀成一个空壳。而如果是债权，则要通过合同关系来确定。租赁东西又有什么权？这里又涉及租赁者有没有权利对租赁来的土地经营权再次租赁，转租给第三方是否合法。而最大的问题是租赁者是否可以以租赁来的财产去抵押担保。这些问题都需要认真研究后，才能落地。

至于城市租赁和农村租赁的差异，在城市中，租赁关系较为普遍，例如写字楼租赁、商场租赁、住房出租等。房屋租赁一半是不可以转租的，转租的结果是难以确认标的物到底在哪一方的掌控中，租赁关系又是如何。所以世界上大多数国家关于农地的租赁都不允许再次租赁。现在面临的理论问题，明确租赁来的经营权是债权，那么这一制度的重点就在于保护承包者的权益，因为承包者拿到的是债权。而一些人认为这样做对经营者不利。当前部分人认为，"三权分置"的提出，其重要的政策价值体系应该在于推动当前农业发展，主要赋予流转经营权的经营者能有更大的权利，所以要给其物权。这是存在争议的，作为政策和法律的一个大的问题，还有待进一步研究。

辛贤：2002 年党的十六大报告第一次提出统筹城乡经济社会发展概念，到十七届三中全会明确提出要健全城乡发展一体化体制机制，背后的含义是什么？

陈锡文：这也是我要讲的一件大事，即我们明确提出了要推进城乡一体化的发展战略，而且取得了有目共睹的变化。我们都知道，任何国家从农业国走向工业国的过程中都会经历二元结构的时期，城乡经济的二元经济结构这个现象是普遍存在的。所谓二元结构，是指先进的城市工业经济和落后的

农业农村经济并存在一个经济体中。从国家发展角度看，二元经济结构在一定时期是难以避免的。中国的问题在于为了加快工业化，通过计划经济的手段，把城乡二元结构的这种状态通过制度固化，成为城乡二元分割的体制。随着中国发展进入了新阶段，城乡二元结构的体制亟待打破。城乡发展一体化战略提出的背后，主要包括三件事情。

第一，中国过去由于资金短缺，而进行城乡隔绝，不允许农民进城，政府能够提供的基本公共服务基本上也到不了乡下。城市中教育、医疗等基本服务大多还是由政府来提供，而在农村则需要农民个人承担。而在进入新时期，具备一定条件后，就适时提出了城乡一体化。党的十六大在相当程度上是向世界表明：进入新世纪，中国已经实现了总体小康，下一步要实现全面小康，在全面小康建设 20 年内，要做到城乡统筹发展，城乡发展一体化。因此，中国的首要问题就是要解决基本公共服务提供和城乡均等化的问题。

第二，城乡结合，农民进城。从一开始进城的农民工被称作盲流，慢慢过渡到民工潮，到现在变为政府想办法将有意愿、有能力在城镇落户的农民进城落户，这个过程既不简单也不容易。推进这个过程的主要困难不在于情感问题，而在于城市基本公共服务的供给能力不足。

第三，城乡统筹发展一体化，并不意味着要把乡村和城市搞成一样，因为城乡之间的功能是不一样的。从形态上看，城市是集中资金、集中人才和创造力的地方，是一个增长极和带动极。而农村是提供农产品和提供生态环境的主体。简单地赶"农民上楼"属于一种误解，农村和城市不能简单同化。

辛贤：您刚才提到"中国的首要问题就是要解决基本公共服务提供和城乡均等化的问题"，那中国是如何解决这一问题的呢？

陈锡文：如何解决的？就是通过农村的税费改革。1999 年党中央确定农村的税费改革，并在 2000 年开始试运行。1999 年农民各种经济加上农场的税费合在一起大约为 1 350 亿，直接对农民收取的负担有十几项。其中，第一大块儿是四项税，即农业税、公粮、农业特产税、牧业税，这四项税在一起不到 400 亿。第二大块儿是农村基层的公共开支，共有八项。其中，义务教育、民兵训练、计划生育、军烈属对象的优抚以及乡村修路架桥，这五项叫统筹，由乡政府收取。剩下公积金、公益金、共同管理费三项由生产队收取。两块儿加起来共有 12 项，需要农民来承担。

另外，还包括义务工和积累工。第一，义务工是战争时期留下的，前方要打仗，后方要支援。修建大型国家工程，进行抗灾救险，需要动员农民参加。第二，积累工指在合作化以后，由农民提供劳动进行农村兴修水利、修筑道路桥梁等。由于当时各地情况不一，一个完整劳动力一年按照规定应当做 20 ~ 30 个工。到 20 世纪末税费改革时农民流动性已较大，两工提供不足则以出钱代替。以上几项加上数不清楚的摊派机制罚款等合在一起，预计农民的全部负担大约将近 1 350 亿元。

针对农村税费改革，有一个实际方案。第一，把农业税税率提到 7%。当时农业税不到 400 亿，税率很低，大概不到 3%。农业税税率提高之后将统筹装进去，国家统一征收农业税。五统筹本应属于公共开支的，这样国家收取税收后再将之投入公共开支。第二，村集体原先收取的税种被取消，而作为农业税的附加，由税务部门代收，两工也由此消失了。这样，农业税正税税率为 7%，附加为正税的 20% 即 1.4%，因此向农民征收农业税的正税及附加共计 8.4 个百分点，此外禁止任何部门再向农民收取其他税收。

辛贤：以上方案的效果如何呢？

陈锡文：这些方案大概可以让农民负担减少 500 亿 ~ 600 亿，并于 2000 年开始试点，2001 年逐步扩大。2004 年中央 1 号文件提出在这个基础上要进一步降低农业税的税率。随后 2004 年政府工作报中提出，农业税改革进入降低税率、逐步减少、最终取消的阶段，到 2008 年全面取消农业税。实际上，取消农业税在 2005 年底就已完成，至 2006 年全部取消。中国是农

耕文明历史最悠久的国家，规范的有据可查的农业税亩制度在公元前 594 年的鲁国就开始实行。从公元前 594 年到 2006 年，农业税制实行了整整 2 600 年，取消农业税不仅让农民省下 1 350 亿元，更具有重大的历史意义。

辛贤：取消农业税决定的意义的确不同凡响，但是，取消后的财政缺口怎么办呢？

陈锡文：取消农业税后的空缺就由中央和地方财政增加转移去解决，这体现在许多方面。第一，体现在农村水、电、路、气等基础设施建设方面；第二，体现在义务教育、公共卫生、文化事业等基本公共服务提供方面，这些都要由政府出资。例如，农村实行了多年的义务教育阶段由政府免费提供课本，从 2017 年开始普及到城市；2003 年农村建立新型合作医疗制度；2008 年开始农村开始实行最低生活保障制度；2010 年农村实行养老社会保障等。随着经济发展，这些制度被逐步建立，而且城乡水平在逐步接近，这是一个翻天覆地的变化。

辛贤：面对未来的人口城镇化问题，您认为我们应该怎么做？

陈锡文：中国当前有近 14 亿人口，随着二胎政策落地实施，至 2020 年大概维持在 15 亿人口左右。习近平总书记曾指出，即使城镇化率达到 70%，还有四五亿人要在农村生产和生活。因此，面对中国的人口城镇化问题，要有足够的历史耐心。

首先，中国必须走一条城镇化和新农村建设并行不悖、双轮驱动的道路，政府要一手推进新型城镇化，一手加快农村建设。实际上，随着农村公共服务的发展，农民的进城意愿也开始下降，这也印证了关于城镇化发展的讨论。第一种发展思路是大力地推进农民进城，把土地腾出来搞现代化经营。其中还要考虑进城后的农民干什么，农民的选择和意愿是什么。没有建立城乡统一的基本公共服务生活体系之前，绝大多数鼓励农村进城的后果都不理想，例如拉美地区的贫民窟就是前车之鉴。

专题一　中国农村改革的历程：1978—2018 年

其次，政府首先注重提高农村基本公共服务社会保障，使城乡之间的公共服务均等化。如果在这方面呈现基本是一致的，那农民就有了更大的自主选择权。当前农民拼命要进城的劲头已发生了很大变化，其中不仅包括经济结构的变化和增长率的变化，农民的心态也有了很大的变化。进城的同时也失掉很多作为农民的珍惜宝贵的品质。

辛贤：促进农业现代化发展，促进"四化"协调发展，是在党的十八大后提出的重要农业改革方向，国家应该如何促进农业现代化发展呢？政策的着力点是什么？

陈锡文：关键是要补短板。这也是我想讲的第四件大事。习近平总书记强调，农业在"四化同步"中还是短腿，农村在全面建成小康社会中还是短板，而农村贫困人口是短板中的短板。整个国家经济社会都在向前发展，农村也在不断地前进发展。"十三五"时期是实现全面建成小康社会阶段性目标的攻坚期。补齐农业和农村的短板是全面建成小康社会的关键所在。经各方调研，中央意识到补短板是实现全面建成小康社会攻坚阶段的一个重大问题，并在这一阶段及时提出补短板。所以农村的改革和发展的力度会进一步加大。

中国的农业现代化不可能一蹴而就，现在很重要的问题是需要认真研究中国农业现代化的路径。当前在政策和理论上可能仍存在一定的偏差。例如，中国无法走"美国式道路"日益成为广泛共识，但长期以来美国是现代农业的标杆，而中国无法实现"美国式现代农业"又需要走什么样的道路？2017 年 3 月 6 日，《北京日报》第 18 版发表北京大学国家发展学院院长姚洋教授《小农经济过时了吗？》一文，该文受到中央领导的高度重视。文中指出的状态与中国等东亚国家的基本状态、资源禀赋、人地比例关系等存在必然联系，其中的规律性或其他共性需要认真研究。国家领导人系列重要讲话强调多种形式的规模经营，规模经营的传统观念是农民进城，让土地给更少、更优秀的农民种，通过土地流转集中实现规模经营。但现在外出务工

的农民工总量基数接近 1.7 亿，农民工进城速度在明显下降，2016 年增长 0.4%，增加 63 万人，2017 年增长 0.3%，增加 50 万人，数量较少。设想，若农民工进城、土地流转无法实现，那么农业现代化又需要如何实现？所以有观点认为，土地流转集中的规模经营固然重要，但通过拓宽和创新农业社会化服务的领域和它的空间以及创新方式，可能是一种比扩大服务规模来弥补土地不足更重要的途径。

补短板需要找一条适合中国国情的有中国特色的农业现代化道路。但问题在于研究者自己主观和国外已有模式的误导，例如国内报道日本城镇化率在 86% 左右，而对日本官员的实地调研则表明日本无城镇化率指标，而是人口集聚度，每平方公里的人口密度达到 4 000 人，并且集聚在一起的人口超过 5 000 人，符合这两个条件的地方称为人口集聚区。人口集聚区的定义并未严格划分城乡界限，日本国民居住在人口集聚区的比重是 64%。而中国城镇化率已经达到 57% 左右，盲目追赶错误指标会出现政策偏误。

诸如此类的问题需要深入的思考，尤其最重要的是要摆脱人云亦云的惯性思维。补短板需要考虑中国国情、资源禀赋，确定所处阶段的可行做法和途径。对短板错误的认知会造成巨大浪费。

辛贤：党中央提出要在 2020 年实现贫困人口全部脱贫，您对当前我国农村的贫困问题有什么看法吗？

陈锡文：其实中国非常重要的、真正的"短板中的短板"是贫困人口。中国贫困人口 2016 年为 5 575 万，2017 年减少了 1 240 万，截至 2017 年底还有 4 335 万。世界各国共同的扶贫经验证明，贫困发生率、贫困人口占总人口的比重降到 3% 是可降低的最低比重，基本上都是不具有劳动能力或者是丧失劳动能力的人群，必须通过社会政策来救治，不属于扶贫对象。此类人群在中国农村现在至少 2 000 万人。

建档立卡资料可实现对这 2 000 万人科学、真实的识别，去除 2 000 万人后，贫困人口仍然有 2 335 万，按照 2017 年减少 1 240 万的速度，在未来两年内是否可以实现全部脱贫？如果比规定完成的 2020 年提前两年完成，在提前的两年期内又该有何作为？

所以它实际涉及两个问题：一是现在的矛盾和问题，2 000 万人最终是要由社会政策来救治，但现在仍然存在较大问题：将扶贫标准纳入低保标准的工作需要做好，但 2017 年中国农村低保线已经高于农村贫困线，通过低保途径解决 2 000 万人的贫困问题，显然这不符合国家要求和人民愿望，其中如何接轨是一个很大的问题。

二是是否有必要追求快速脱贫。按照一年 1 000 多万人的脱贫能力，一年扎扎实实解决六七百万，未来三四年肯定可以实现脱贫目标的。但现有机制导致了中央预计 2020 年完成则要求 2019 年，地市要求 2018 年，县级要求 2017 年的层层加码现象。这样一定会出现数字造假，这个问题需要到贫困地区实地调研提出对策加以解决。

最后一个问题，对现在混乱的扶贫标准也应当作为社会学课题进行研究。中国 2017 年的标准是 2 952 元，2016 年是 2 800 多元。新的标准是 2011 年党中央经过反复研究之后制定的，按 2010 年的不变价计算的 2 300 元，根据每年的物价变动以及其他一些因素的变化逐步提高到 2017 年的 2 952 元。现在社会上有一种舆论认为标准过低，因为人民币对美元的汇率未达到联合国 2030 年提出的 1：1.9 的标准，中国并未达到人均每人每天 1.9 美元的水平。然而经与世界银行认真研究发现，实际上这是世界银行提出的推荐标准，并没有实践标准。世界银行认为中国现有研究的误区是错误理解了建议标准，建议标准从 1 元上升到 1.9 元，并不会再被重申。世界银行认为最基本的问题是绝对不能用官方汇率转换，因为各国的汇率制度、外汇储备不同，并不知道官方汇率的差距，例如埃塞俄比亚等国的汇率。

不能用汇率的第二个重要原因在于，国家的汇率通过该国主要贸易商品价格比例计算，而贫困人口所需的生活必需品基本上与外贸关系不大。用汇率测算贫困水平毫无意义。世界银行一直使用购买力平价（Purchasing Power Parity，PPP）进行测算。对中国最新的一次测算，是 2011 年世界

银行对人民币、对美元汇率的 PPP 计算，原本是中国只按一个比价 PPP 计算。考虑到中国的城乡差距过大，所以分为城市和农村的比价，按 PPP 测算，城市 1 美元对人民币约 4 元多，农村约 3 元多。世界银行的中国局局长、世界银行所有的知名专家，很早就承认中国的扶贫标准在世界范围内是高水平的，比世界银行水平还要高。其中重要一点在世界银行的算法中被忽略的：比如新型农村合作医疗、社会医疗保险、低保等都在世界银行的扶贫标准之外。如包括大量的基础设施建设等，中国的贫困标准实际上还要高。当然这种说法是否说得通、是否科学仍需要进一步研究。

专题二

中国农地制度变革 40 年

罗必良　1962 年生人。现任华南农业大学经济管理学院教授、博士生导师，华南农业大学国家农业发展与制度研究院院长。教育部长江学者特聘教授、广东省珠江学者特聘教授、国务院特殊津贴获得者，广东省思想理论战线"十百千工程"省级学科带头人。兼任国务院学位委员会农林经济管理学科评议组成员，教育部高等学校农林经济管理教学指导委员会副主任委员。主要研究领域包括：生态经济、区域经济、制度经济及农村经济组织等。出版专著 30 余部，发表论文 300 余篇，主持国家及省部级课题 40 余项，获得省部级及以上科研奖励 10 余项。在制度经济、农村经济等领域做出了创新性贡献。多次参与从中央到地方的经济发展决策咨询，多项政策建议得到重视与采纳。

1. 改革开放以来，中国农地制度的重大变革是农村土地的家庭承包经营，这是世界范围内农业发展领域影响广泛而深远的一次重大变革。

2. 从改革开放至今，虽然国家对农业经营体制进行了各类变革尝试，但农地制度的基本格局一直没有发生根本性变化，主要表现在两个方面：一是始终维护农地制度的目标；二是始终坚持农地制度的底线。

3. 农户兼业化、劳动力弱质化和农业副业化是在快速的城镇化和工业化背景下我国农业经营格局面临的主要挑战。

4. 小规模、分散化、细碎化的农地经营格局，成为我国农业高成本的重要起因，进而也是我国农业边缘化和国际竞争力不足的重要原因。

5. 40年来，我国的农地制度变革一直是沿着"稳定地权"与"促进流转"两个方向在努力。具体的政策措施可以概括为：一是推进农地流转以改善规模经济性；二是推进农地确权以改善产权稳定性。

6. 农民之所以不愿意流转土地，是因为农民担心其土地权益得不到有效保护。农地产权的模糊，易导致产权主体的预期不足并引发机会主义行为。因此，农地确权，即对农地的产权进行界定，就显得格外重要了。

7. 农地确权对促进农地流转的作用是有限的。同时，中国农地产权表现出强烈的"人格化财产"特性，因此，强化人格化财产的产权强度，可能会因禀赋效应而抑制市场化交易。

8. 未来农地制度变革的方向可以从两方面入手：一是赋权强能，即赋予农民稳定且更多的财产性权利；二是放开盘活，即鼓励农业多元经营并分享分工经济。

农地对农业农村发展的极端重要性不是中国独有的，而是世界性。40年前的中国改革发端于农村，也是从农村土地制度变革——家庭联产承包经营制开始的，而且，以家庭责任制为基础农村双层经营体制以及后续的一系列农地制度改革推进了中国的经济增长，并对我国农业与农村经济发展产生了深远影响。

然而，任何制度变革都不是一劳永逸的，对我国的农地制度变革而言亦是如此。随着我国工业化、城镇化的快速推进以及大量农村剩余劳动力向城镇转移，小规模的农地资源无法充分有效利用、非农产业对农地的需求过热以及农民手中的土地资源无法盘活等诸多问题开始呼唤新一轮的农地制度创新。

追求土地资源的配置效率是农地制度的基本目标，也是农业与农村经济发展的内在要求。要推进农地制度创新，进一步提高农地的配置效率和价值，需要我们切实厘清过去一个时期农地制度的变迁轨迹，并从过去农地变革的成功经验和失败教训中吸取新一轮制度创新的灵感和思路。

到底该如何认识改革开放以来中国的农地改革问题？下一步农地制度改革的方向是什么？罗必良教授的观点值得关注。他不仅是国内较早展开农村经济组织与制度经济问题研究的学者，对农地制度创新问题有自己的独到见解，还是教育部哲学社会科学研究重大课题攻关项目"我国当前农村土地流转制度与农民权益保护研究"（2009—2012年）的承担者，对农地产权制度进行过重点专题研究。为此，在中国农村改革40周年之际，我利用工作访问的机会，对罗必良教授进行了专访。

（苏保忠）

苏保忠：罗老师，您好！在近 40 年的改革开放过程中，农地制度变革一直是最前沿、最活跃、最具时代性，同时也是最具中国特色的重要议题，您认为我国农地制度改革的历史背景是什么？

罗必良：在中华人民共和国成立初期，农地制度的安排是政治需要。中国是农业大国，农民以农为生，土地历来被中国农民视为"命根子"。严峻的人地矛盾决定了谁赋予农民以土地的产权，谁就能获得广泛的政治资源与社会支持。因此，共产党领导的中国革命，一个重要的战略是"打土豪、分田地"，广泛开展土地改革运动。由此形成的农民土地私有制，既满足了农民对土地福利保障功能的需求，也保证了政治动员与组织革命的需要。

中华人民共和国的成立尽管结束了近代百年的乱局，但毛泽东领导的共产党面临的却是满目疮痍、贫穷落后的农业国家。于是，工业化成为重要的国家目标。为了通过工农产品价格"剪刀差"积累原始资本，政府通过"统购"垄断了农产品收购，但是低价垄断市场，可能会危及农民生存。于是，推行农村土地集体化并赋予农民以成员权的方式，使农民的基本生存保障得以维持。为了确保农民从事农业生产，并低价出卖农产品，政府实施户籍管制以限制人口流动。由此，统购统销、人民公社，也就是土地集体所有与户籍制度共同构成了国家获取农业剩余的三套相互匹配的制度体系。这既是政治的需要，更是经济的需要。

苏保忠：改革开放以来中国农地制度的重大变革体现在什么地方？

罗必良：在我看来，改革开放以来，中国农地制度的重大变革是农村土地的家庭承包经营，这是世界范围内农业发展领域影响广泛而深远的一次重大变革。

苏保忠：这一重大变革给我国农业与农村发展带来的积极影响有哪些呢？

罗必良：家庭联产承包责任制是在 20 世纪 70 年代末期得以实行的，

随后获得政治上与法律上的保障。国家开始放松对农村经济的全面管制，以此换得稳定的税收、低成本的监管和农民的政治支持；农民则以履行对国家的义务和承担经营责任，换得土地使用权以及剩余索取权。"交够国家的，留足集体的，剩下都是自己的"成为新的制度安排，农业增长由此获得巨大成功。

实际上，始于 1979 年中国的农村改革，从本质上讲是财产关系与利益关系的大调整。从包产到户到大包干的农地制度变革与农村微观组织再造，确定了家庭经营的主导地位，实现了土地所有权与经营权的分离，并因此满足了农民对土地真实权利的获得感，从而使农民拥有了人民公社时期不可想象的财产支配权与经济民主权，包括农民的职业与身份转换，由此形成的激励机制，诱导了资源配置效率的改善、农业结构调整和非农产业发展，从而引发了农村经济流量的迅速扩张，有力地改变了国民经济的原有格局与经济流程，也持续支持了"中国经济奇迹"的发生。

苏保忠：我国的农业经营制度已经运行了 40 年，同样也经历了各种各样的争论，我国农地制度的基本格局有没有发生变化？

罗必良：在我看来，没有发生根本性变化。制度目标对制度的形成及实施具有决定性意义。应该说，以农地制度为内核的农村家庭承包制变革所获得的制度红利及其溢出效应，不仅表达了制度创新的巨大潜力，也鼓励了理论与实践的进一步探索。已经运行了 40 年的农业经营制度，尽管理论方面的论争从未停息，各类创新试验亦层出不穷，但农地制度的基本格局一直没有发生根本性变化，主要表现在两个方面：一是始终维护农地制度的目标；二是始终坚持农地制度的底线。

苏保忠：您所说的农地制度目标包括哪些目标，制度底线又包括哪些底线？

罗必良：农地制度的目标包括：第一，必须有利于保障农产品有效供给，确保粮食安全和食品安全；第二，保障农民的经济利益，尊重农民的民主权利。由于农地承包经营制度在保障国家农产品供给安全的同时，兼顾了农民的利益，实现了微观主体经营目标与国家宏观政策目标的"激励相容"，从而成为了中国农村改革的宝贵经验。制度底线包括：第一，始终坚持农村土地农民集体所有制；第二，始终稳定土地承包关系并保障农户的土地承包权；第三，始终维护农业家庭经营的基础性地位；第四，始终严格保护耕地并强化农地用途管制。

苏保忠：为什么制度目标和制度底线不变，就可以肯定地说农地制度格局没有发生变化呢？

罗必良：中国的农地制度包括农地产权制度与农业经营制度。农地产权制度是"核"，农业经营制度是"围"。因此，由制度目标与制度底线所决定的中国农业经营制度，其本质特征可以表达为：坚持和落实农民土地集体所有权、稳定和强化农户土地承包权、放开和盘活土地经营权、加强和贯彻土地用途管制权。由此，农地制度创新的空间就主要集中在经营权的产权调整与农业经营体系构造等方面。正因为如此，2013年党的十八届三中全会提出要加快构建新型农业经营体系，即在坚持家庭经营基础地位的同时培育多元经营主体、完善农业社会化服务体系，通过体制机制的完善以及产权配置的优化来推进我国农业现代化进程。

苏保忠：农地产权制度作为我国农业的两大基本制度之一，您认为它的优越性体现在什么地方？

罗必良：土地均分是农地产权制度的基因。在农地资源稀缺的小农社会，农民的理性原则是"生存安全"，而非追求收入最大化。在中国，农地不仅是重要的生产资料，也是农民生存的"命根子"，从而形成了特殊的农耕制度传统。其中，村庄是由具有亲缘、地缘、业缘等关系的人们聚居在一起所形成的熟人社会，具有产权界定、产权排他性保护、风险共担和利益共享的特点。土地均分由于提供了一种分担风险的机制，成为乡土社会保障体系的重要组成部分。

农地"均分"的制度基因在近代得到了很好的继承。从土地革命战争时期的"耕者有其田"，到农业集体化时期的成员权，再到家庭承包制下的农地"均包"，都充分体现出村庄土地的"均分"特征。应该说，农地制度变迁在很大程度上受到农村人口数量和结构变动的影响。40 年前的农地制度改革，土地要素在农民之间分配相当平均，随后的农地调整也一直遵循"按照家庭人口"平均分配土地的原则。同样，土地承包经营权的调整，绝大多数是在人地关系发生变动后对要素分配不平等的响应。"均分"体现了农地的社会福利保障性质并具有一定的制度优势。例如，"均分"的农地制度安排使得中国农民在营养摄入、婴儿死亡率、妇女识字率等方面的境况均好于印度。

苏保忠：如果土地"均分"是产权制度的传统基因，那么经过这么长时间的发展，有新基因的植入吗？

罗必良：有，这个新基因就是农地制度可以按国家意图进行"变更"。

苏保忠：为什么会有新基因的植入呢？

罗必良：前面已经提到，严峻人地矛盾的基本国情，使得"耕者有其田"一直是中国农民的梦想。1950 年的《中华人民共和国土地改革法》规定，"废除封建剥削的地主阶级土地所有制，实行农民的土地所有制。"这一变革具有两个重要特点：一是继承了土地"均分"的传统基因；二是通过国家强制将农地无偿分配给农民。由于农地的赋权不是经由市场，而是通过"国家制造"来产生，内含着产权弱化机制，从而为国家进一步变更和调整农地制度埋下了伏笔，也为新基因的植入创造了现实条件。事实上，中华人民共和国成立以来的农地制度变迁，无论是初始的农地私有制，从互助组到初级社再到高级社以及人民公社的土地集体化运动，还是家庭承包制在全国范围的普遍推进，均是国家意志选择的结果。

苏保忠：这个新基因植入对农民而言意味着什么？

罗必良：对农民而言，则意味着农地产权的可调整性。第一，农户凭借其天然的成员权，成为集体土地的"准所有者"。这种成员权具有同质性特征，决定每个农户凭借其人口数量必然平等地享有承包经营权；第二，保障地权稳定的效率目标总是让位于公平目标，当人地关系发生变化并累积到一定程度后，就需要通过一次又一次的农地调整来满足农户对"平等"的诉求；第三，村集体是地权调整的决策者与组织者，其权力基础是人民公社时期所形成的国家政治权力的存留，这既符合"农村土地集体所有"的法理解释与土地保障的"生存伦理"原则，又体现出国家主导下制度变迁的路径依赖特征。

苏保忠：新基因植入后，和传统基因的融合会不会带来什么问题？

罗必良：传统基因的继承以及新基因的植入，必然带来两个显著的现实约束：首先是体制性后遗症。第一，初始的"均分"与随之而来的"变更"，会不断诱导土地调整力量的形成。国家力量通过土地的无偿赋权对村庄的渗透带来双重效应：一方面，通过土地调整来维护农村稳定；另一方面，作为国家代理人的乡村干部在土地调整中寻租。前者会培育藐视法律的力量，后者则导致农民土地权益的受损。第二，福利性赋权必然导致社区的封闭性与市场抑制。一方面，由于村庄在农地保护和分配中扮演着极其重要的角色，从而表达出的强烈的对外排他性与社区封闭性；另一方面，地权的分配与土地调整，依赖于天赋身份权利，从而为抑制农地流转市场发育埋下了隐患。

然后是效率损失。追求产权公平的调整永无休止，使得不稳定性与分散性成为内生的制度缺陷。第一，土地的经常性调整，使农户无法形成对土地投资的长期预期；第二，既然每个成员对集体土地权利是均等的，就意味着在土地数量、质量及空间分布上是均等的，使得农户承包的地块不仅分散且零碎，造成规模不经济；第三，为了保证均分，每次调整均需核查人口、地块数量及质量，并达成社区成员共同认可的调整方案，使得产权变更的界定费用高昂。

苏保忠：那给我们当前的农地经营带来了哪些显著问题？

罗必良："均分"与"变更"基因的融合，必然导致小规模、分散化、细碎化经营。1986 年农户户均耕地 9.2 亩，分散为 8.4 块；2008 年下降到 7.4 亩，分散为 5.7 块。2011 年全国承包经营的耕地面积为 12.77 亿亩，经营农户 2.288 亿户，户均经营耕地仅 5.58 亩。可以认为，中国农业的家庭经营几乎没有土地规模经济性。

苏保忠：当前我国正经历城镇化和工业化的快速推进，在这种宏观环境下，我国农业经营格局又面临着哪些挑战？

罗必良：当前我国农业经营格局面临的主要挑战可以概括为以下几个方面：一是农户兼业化。国家统计局的数据表明，1996 年全国农业户中兼业农户占 37.19%，1999 年占 60%，2012 年进一步增加到 81.72%。二是劳动力弱质化。数据表明，2011 年在全部从业劳动力中，第一产业的从业人员已经下降到 38.10%，2013 年下降为 31.4%，留守农业的劳动力更是呈现出老龄化与妇女化特征。三是农业副业化。数据显示，农户纯收入中来自农业的比重由 1985 年的 75.02% 下降到 2013 年的 26.61%。表明农民已经不以农为生。

上述共同表达了农业不断"被边缘化"的问题。应该清醒地认识到，随着农村劳动力转移规模持续扩大，"农业边缘化"倾向会愈加严重。这就意味着，农业发展不仅要面对"谁来种田"的现实问题，而且还要破解"种怎样的田"和"怎样种田"的深层难题。

必须高度重视的是，如果农业劳动力素质、农户生产能力以及农业经营规模都远在现代生产力水平所要求的底线之下，以其为基础的科技应用、产品质量、市场准入、从农热情等都将日益变得难以为继，现代农业也就因此而成为一个可求不可得的奢望。因此，如何在坚持家庭经营前提下，推进农业经营方式的创新，成为了严峻的现实挑战。

苏保忠：从国际比较视角出发，您认为我国的农业竞争力如何？

罗必良：与美国农业相比，我国主要农产品的单位面积成本或单位产量成本均居高不下，有些甚至高出两倍多，表明中国农产品的国际竞争力堪忧。尽管我国粮食产量从 2003 年开始连续 12 年增长，从 2003 年的 8 614 亿斤增到 2015 年的 12 429 亿斤，但伴随而来的是农业成本的刚性上升。1990—2014 年，我国三种粮食（稻谷、小麦和玉米），按现值计算的单位面积产值年均增长 13.6%，但单位面积成本年均增长达 15.5%。其中，物质与服务费用年均增长 12.2%，人工成本年均增长 16.9%，土地成本年均增长 24.6%。

新的趋势是，用工成本已经成为我国农业高成本化的主导因素，而土地租金成本则成为推高农业成本的新因素。在成本结构上，1990—2014 年，三种粮食（稻谷、小麦、玉米）的平均物质与服务费用的占比从 58.3% 下降为 39.1%，人工成本占比从 35.1% 增加到 41.8%，土地成本占比从 6.6% 迅速上升到 19.1%。

农业的高成本是导致农业边缘化的直接根源，但却与"均分"的农地制度密切关联。小规模、分散化、细碎化的经营格局，成为我国农业高成本的重要起因。

苏保忠：针对小规模、分散化、细碎化的经营格局，国家主要采取了哪些应对措施？

罗必良：由于上述原因，40 年以来的农地制度变革一直是沿着"稳定地权"与"促进流转"的方向在努力。其中，面对分散化、小规模的经营格局，国家政策一直在着力推进农业规模化经营：一方面，通过农地的流转集中，改善经营的规模经济性，着力降低农业生产成本，提高生产效率；另一方面，通过农业的组织化，改变分散化经营格局，着力降低交易成本，提高组织效率。但政策努力的实际效果并不令人满意。

针对两种制度，国家采取的措施可以概括为：一是推进农地流转以改善规模经济性；二是推进农地确权以改善产权稳定性。

苏保忠：农地流转集中及其规模化经营是国家农业发展的一个基本趋势，但是具体到我们国家，推进土地流转并集中经营的现实环境存在吗？

罗必良：现实环境存在，而且我国政府也一直不懈努力。其中两个方面的背景支持尤为重要：首先是人地依存关系的松动。早期人地关系的严酷性，决定了土地对于农民兼具生产资料及社会保障的双重功能。但我国的现实已经发生了重大变化：一是人地关系出现了明显的松动。城镇化与非农产业的发展持续支持了农民的外出务工，农业已经不再成为多数农民的择业选择的主导。二是农民收入的结构性转变，使农民对土地的生存依赖性显著降低。土地作为农民"命根子"的重要性在逐步下降。

其次是农户土地产权的强化。一是强化产权主体地位。2002 年出台的《中华人民共和国农村土地承包法》以法律的形式将农民或者说农户土地权利的主体地位确立下来。二是强化赋权的稳定性。1984 年中央 1 号文件确定了承包给农民的土地 15 年不变，1993 年中央 1 号文件则将承包期延长到 30 年不变。进入 21 世纪以来，党和国家更是反复强调赋予农民更加充分且长期的土地承包经营权以及更多土地财产权利。

在上述背景下，推进农地流转成为重要的政策目标。早在 1984 年，中央 1 号文件就开始鼓励农地向种田能手集中。2001 年中央发布第 18 号文件，系统提出了土地承包经营权流转政策。此后多个文件及政策的出台均在不断强化对农地流转的激励。

苏保忠： 有背景支持，政府也做出了不懈努力，那国家推进农地流转政策的效果如何呢？

罗必良： 政策效果不尽如人意，现实出现了巨大反差。尽管经过近 40 年的政策努力，我国土地分散化的经营格局并没有发生根本性改观。1996 年经营规模在 10 亩以下的农户占家庭承包农户总数的 76%，2015 年则高达 85.74%；1996 年经营规模在 10 ~ 30 亩的农户占农户总数的 20.2%，2015 年只占 10.32%。农地流转中的小农复制，意味着中国农业的小农经营格局有固化的趋势。

当然，不能否定推进农地流转的积极意义。但必须指出，寄希望于农地流转来解决规模问题或许是一个约束相对较多并且缓慢的过程。事实上，农地流转不仅并未达到政策预期，而且还诱发流转纠纷与合约不稳定等问题。

苏保忠： 为什么农民不愿意流转土地呢？

罗必良： 我的一个判断是：农民之所以不愿意流转土地，是因为农民担心其土地权益得不到有效保护。农地产权的模糊，易导致产权主体的预期不足并引发机会主义行为。因此，农地确权，即对农地产权进行界定，就显得格外重要了。

苏保忠： 对农地确权，我国政府做了哪些努力？

罗必良： 我国于 2009 年开始启动新一轮农地确权的改革。2013 年中央 1 号文件明确提出，全面开展农村土地确权登记颁证工作，并计划 5 年内（即 2018 年底）完成。

事实上，1984 年国家规定 15 年期限的第一轮承包，1997 年明确 30 年期限的第二轮承包，均可视为农地确权，目的在于赋予农民以更加稳定的产权预期。与之不同的是，新一轮农地确权有两个显著特点：一是按照"增人不增地、减人不减地"原则固化集体成员权身份；二是落实地块的"四至"，即明晰空间边界。以期一方面赋予农民稳定且有保障的土地权利，另一方面激励农民参与农地流转。之所以如此，一个重要的原因是主流产权理论通常假定在产权明晰与稳定的前提下，市场能够自动解决交易问题。

苏保忠：您觉得农地确权能促进农地流转吗？

罗必良：这需要回答以下问题：农地确权有助于地权稳定或者抑制农地调整吗？农地确权能够自动解决流转问题吗？国内外研究对此的回答似乎是否定的，产权固化及其稳定性目标并没有得到农户的普遍响应，土地确权或登记并不能对土地租赁和买卖市场有促进效果。甚至，农地确权在提升农户产权排他能力的同时，有可能因过高的租金门槛而加剧对经营权流转的抑制。因此，我认为，农地确权对促进农地流转的作用有限。

另外，必须重视农地特性所包含的产权含义及交易逻辑。中国农地产权表现出强烈的"人格化财产"（personal property）特性。第一，农户的承包地是凭借其集体成员权而被赋予的，具有强烈的身份性特征与人格化财产特性；第二，在承包权与经营权分离的情形下，对于任何转入经营权的主体，均只有得到承包农户同意才能实施，从而使农户对其承包地具有"产权身份垄断"特性；第三，农地确权必然对象化到每块具体的土地，土地经营权流转也必然表现为具体宗地使用权的让渡，农户承包的具体地块就天然地具有"产权地理垄断"特性。因此，强化人格化财产的产权强度，可能会因禀赋效应而抑制市场化交易。

苏保忠：为了实现预期目标，您认为未来的农地制度改革的方向应该是什么？

罗必良：我认为未来变革的方向可以从两方面入手：赋权强能与放开盘活。所谓赋权强能，就是赋予农民稳定且更多的财产性权利。产权经济学区分了两个重要的概念：一是产权赋权；二是产权实施。明晰的赋权是重要的，但产权主体是否具有行使其产权的行为能力同样是重要的。产权的强度，由实施它的可能性与成本来衡量，这些又依赖于政府、非正规的社会行动以及通行的伦理与道德规范。可以认为，产权强度决定着产权实施，是政府代理下的国家法律赋权、社会认同（或社会规范）与产权主体行为能力的函数。所谓放开盘活，就是鼓励农业多元经营并分享分工经济。在农地"所有权、承包权、经营权"三权分置的背景下，由于集体所有权不得动摇，农户家庭承包权必须保持长久稳定，因此，创新农业经营方式的关键就在于盘活农地经营权。

苏保忠：实践中，该如何赋权强能，又该如何放开盘活呢？

罗必良：可从不同的维度入手。首先，改善法律赋权的稳定性与可操作性。就农地制度而言，提升法律的权威性，必须首先强化地权的排他性及其可操作性。其次，强化社会对农地产权的尊重意识。关于一项物品的权利，法律条文的规定与实际实施的规则并不总是一致的。如果缺乏恰当的社会认同与道德约束，法定权利的实施无疑会打折扣。最后，推进农地产权的财产化、资本化、商品化。农地产权市场的发育，有赖于农民对土地福利保障依附的弱化。家庭承包制如果仅仅满足于农民对土地保障功能的公平取向，那么低效率的农业经营格局不可能发生根本的改变。

如何盘活农地经营权？我认为也可以从三个方面着手。第一，从三权分置到进一步的产权细分。第二，农户家庭经营从独立走向多元。农地经营权的进一步细分，必然诱导家庭经营融入到开放经济与分工经济。第三，从土地规模经济走向服务规模经济。从土地规模经营转向服务规模经营是农业经营方式转型发展的重要路径。

苏保忠：中国的农地制度虽然已经历了 40 年变革，但是我们可以看到，小规模、分散化的农业经营格局并没有发生根本性变化，还引发了诸多问题。如果要解决当前问题，您认为未来我国农地制度变革的主要方向是什么？或

者说农地改革遵循了怎样的基调，对下一步的农地改革有什么启示？

罗必良：中国农地制度变革包含着三个方面的重要基调。第一，从以所有权为中心转向以产权为中心。纵观我国农地及经营制度的变迁历程，能够理出三条清晰的演变路径：一是从人民公社所有权与经营权的"两权合一"，到家庭经营制所有权、承包经营权的分离，并进一步由以所有权为中心的赋权体系，向以产权为中心的赋权体系转变；二是从改革初期承包权与经营权的"两权合一"，到要素流动及人地关系松动后承包权与经营权的分离，并进一步由以保障农户经营权为中心的经营体系，向以稳定农民承包权为中心的制度体系转变；三是从小而全且分散的小农经济体系，到适度规模与推进农业专业化经营以改善规模经济和分工经济，并进一步在稳定家庭承包权、细分和盘活经营权的基础上，向多元化经营主体以及多样化、多形式的新型农业经营体系转变。由此，"集体所有、农户承包、细分产权、多元经营、管住用途"将逐步成为我国农地制度的基本安排。

第二，从土地"福利保障"的赋权体系转向"财产权利"的赋权体系。农民的农地经营权"退出"，并不是一个简单的福利保障功能及其替代问题。"人动地不动"（农业劳动力非农流动大大超前于农地流转），在实质上表达了农民对土地财产权利的诉求。如果家庭承包制仅仅满足于农民对土地的保障功能取向，那么小规模、分散化、细碎化的农业经营格局不可能发生根本改变。所以，必须推进土地功能转换及其赋权内容转换。其基本取向：一是在保持土地承包关系稳定并长久不变的前提下，赋予农民更加充分而长久的土地承包权及其财产权；二是推进土地的资本化，促进农民的财产性增收；三是盘活农民的土地经营权，构建并发育农地流转的产权市场。

第三，将家庭经营卷入分工经济。在三权分置的背景下，通过产权细分盘活农地经营权，不仅可以化解农地流转中人格化财产及其禀赋效应的交易约束，而且可以将农业家庭经营卷入开放经济与分工经济，并在促进农地规模经营的同时，改善农业的服务规模经济性。可以认为，通过将农

地流转转换为产权细分格局下的农户土地经营权交易、企业家能力交易与农业生产性服务交易的匹配，不仅能够缓解"谁来种地，地怎么种"的现实难题，更有助于拓展农户分享服务规模经济性与分工经济性的潜在收益空间。

最后要强调的是，推进农业经营方式转型，加快构建新型农业经营体系，不仅是中国农业面对的问题，也是全球"小农"共同面临的难题。上述农地制度变革的路径及其产权运作模式，有可能是破解我国农业经营方式转型的重要突破口，昭示着中国农业经营体制机制创新的重要方向。其所包含的变革逻辑，不仅丰富了中国农村的改革实践，而且能够为世界范围内传统农业的改造提供"中国经验"，具有深远而广泛的意义。

专题三

改革时期中国农业剩余劳动力的大迁徙与再配置

　　蔡昉　1956 年生人。现任第十三届全国人民代表大会常务委员会委员、全国人大农业与农村委员会副主任委员，中国社会科学院副院长、学部委员、研究员，丝绸之路研究院理事长。历任中国共产党第十七、十八次全国代表大会代表、十一届全国人大代表等。长期关注劳动力流动问题，研究领域覆盖"三农"问题的理论与政策、劳动经济学、人口经济学、中国经济改革、经济增长、收入分配和贫困等。著有《中国的二元经济与劳动力转移：理论分析与政策建议》《十字路口的抉择：深化农业经济体制改革的思考》《穷人的经济学》和《中国劳动力市场发育与转型》等。曾获得国家级"有突出贡献的中青年专家"奖、第二届张培刚发展经济学优秀成果奖、第四届中国发展百人奖、第四届中国农村发展研究奖、中华人口奖、孙冶方经济科学奖等。

1．中国史无前例的经济改革，起步于 1978 年的两个标志性事件：一是党的十一届三中全会的召开，它为以后的改革奠定了理论基础；另一个是安徽凤阳县小岗村实施的包产到户，这成为中国经济改革的先行实践。

2．农村改革不仅极大地促进了粮食产量增加和农民收入增长，更重要的是，还释放了大量农村劳动力，这就是通过农村剩余劳动力向非农产业和城镇转移，实现资源重新配置，极大地提高了劳动生产率，因此也促进了改革时期中国经济的快速增长。

3．家庭联产承包责任制是农村改革的关键，它将劳动力从边际生产率极低的农业中释放出来。其基本的逻辑是，在交完农业税、完成政府下达任务并满足集体提留要求后，农户可以自己决定种植何种作物，并自由分配工作时间、剩余劳动力和其他生产要素。

4．我国的农业劳动力向城镇转移过程中实现了三大改革突破：一是农民的经济活动突破了地域限制；二是消除了农民在城镇部门的就业樊篱；三是取消了配给制度，阻碍农村劳动力在城市工作和生活的实际壁垒也不复存在。

5．中国改革时期的经济增长伴随着人口转型，劳动力人口年龄持续增长，人口抚养比下降，具有劳动力无限供给的特征，也是一个完整的二元经济发展过程。基于中国经济发展的逻辑和经验，我认为中国的刘易斯转折点已经到来。

6．人口红利支撑了过去中国近 30 年的高速经济增长，现在中国的人口转变已进入新阶段。根据经济增长理论和经验，当前的劳动力分配模式和城镇化水平不足以为中国经济的持续增长保驾护航，也无法支撑中国成为高收入、现代化国家。

7．户籍制度改革是支撑劳动力转移、人口城镇化以及破除阻碍经济增长的壁垒的关键，也是我们当前面临的艰巨任务。

8．新一轮的户籍改革需要进行顶层设计，这至少包括两个方面：一是改革的成本分担与红利分享机制；二是一幅包括法定目标和具体实施步骤在内的户籍制度改革蓝图。

专题三　改革时期中国农业剩余劳动力的大迁徙与再配置

　　说起改革开放以来中国在经济社会领域所取得的巨大成就，除了赞誉，更多的还应是理性思考。比如，中国创造的世界经济史上的发展奇迹到底有没有经验可循？过去40年中国经济增长的驱动力是什么？对于这些问题的回答，改革开放条件下的"人口红利说"是学界的一个基本共识。

　　人口红利说是指由人口结构变化而产生的高储蓄率、高投资率和高经济增长率同时并行并相互支撑的现象。的确，是大量廉价劳动力推动了中国过去的经济增长，或者更准确地说，大量的农业剩余劳动力向非农产业和城镇转移以及由此带来的资源重新配置，是推动我国经济快速发展的动力之一。

　　无论是谈"人口红利"，还是"农业劳动力转移"，有一学者是我们无法回避和跨越的，他就是中国社会科学院的研究员蔡昉研究员。他是著名的人口经济学问题专家，是较早对人口红利问题进行系统且有深度研究的国内学者；他还是知名的农业经济问题专家，长期关注农村劳动力转移等"三农"问题，是国家农业经济和就业问题智囊团成员。

　　改革开放以来中国农业剩余劳动力转移的主要特点是什么？农业劳动力转移对中国过去经济增长的贡献如何？今后农业劳动力转移还能否继续释放人口红利？带着这些问题，利用工作机会，我采访了蔡昉研究员。

（辛　贤）

辛贤：蔡老师，您好！现在许多人都知道改革开放对中国的意义非常重大，但对其当时的背景并不十分清楚。您能否给我们简要介绍一下，改革开放前的中国经济发展遇到了什么问题？

蔡昉：中华人民共和国在成立之初，是典型的农业经济社会。1952年，中国83.5%的劳动力从事农业，而从事第二、三产业的劳动比例分别为7.4%和9.1%。为了尽快改变这种落后的产业结构，推动国民经济发展，中国政府实施了工业优先的发展战略。但是这种发展战略与资源禀赋优势相违背，所以造成整个经济体系出现一系列问题：生产要素价格扭曲、资源分配由中央控制，生产要素、特别是劳动力自由流动受阻，以及经营自主权和工作激励的缺失。这种经济体系是中国改革开放前30年的经济发展不尽如人意的主要原因。

辛贤：大家都说1978年的改革开放其实是始于农村的，为什么会始于农村呢？或者说当时农业和农村的发展遇到什么瓶颈？

蔡昉：在当时的环境下，我们党和政府针对农业和农村严格制定了三种制度：农产品统购统销制度、户籍制度和人民公社制度。这三个制度不仅剥夺了农村居民对居住地和就业的选择权，也规定了他们应种植哪种农作物，以及劳动力、机械和土地如何使用等。具体来说，集体工作的时间、类型、参与及报酬都由生产大队决定。这些传统制度不仅从微观层面对生产队及其社员的工作积极性带来了不利影响，而且从宏观层面造成了资源分配扭曲，妨碍了农业生产率的提高。尽管生产投入要素充足，但是效果甚微。在改革前夕，农业占用了70.5%的总劳动力，但是产值仅占GDP的28.2%。更严重的是，如此庞大的劳动力投入，全国人均主要农产品产量才仅仅达到基本生存水平。举例来说，人均谷物产量为316.6千克，棉花为2.3千克，油脂为5.4千克，糖料为24.7千克，肉类为11.0千克。结果导致城镇地区出现了严重的食物及必需品短缺，所以只能通过配给制度满足居民生活需求。

专题三　改革时期中国农业剩余劳动力的大迁徙与再配置

辛贤：1978 年的经济改革是如何开始的？

蔡昉：1978 年发生的两个重大事件标志着改革的起步：一是 1978 年 12 月，党的十一届三中全会召开，这次会议确定了解放思想、实事求是的思想路线，并把重点工作转移到经济建设上来，为改革开放奠定了理论基础。二是同年安徽省小岗村的 18 位农民决定脱离生产队，自己承包土地，实施"大包干"，这拉开了实施家庭联产承包责任制的序幕，并迅速传播到全国各地，同时也宣告了存续时间长达四分之一世纪的人民公社制度正式结束。这些改革是计划经济时代的第一次突破。

辛贤：在改革开放初期，我们取得了哪些成就？

蔡昉：在家庭联产承包责任制不断普及的最初几年（1978—1984 年），谷物单产提高了 42.8%，总产量增长了 33.6%，农业实际增加值增加了 52.6%。随之而来的是，农村家庭人均名义收入增长了 166%，农村绝对贫困人口数量从 2.5 亿减少到 1.28 亿。这些变化极大地提高了农产品供给，因此也为随后几年城镇地区取消配给制度创造了必要条件。

辛贤：改革对总经济发展的贡献主要体现在什么地方？

蔡昉：前边说的农产品增长和农民收入增加是农村改革的主要贡献之一，更显著的作用发生在第一波效应后，这就是通过农村剩余劳动力向非农产业和城镇转移，实现资源重新配置，极大地提高了劳动生产率，因此也促进了改革时期中国经济的快速增长。

辛贤：您刚才提到农村改革解放了大量的农业剩余劳动力，具体是哪方面的制度改革释放了劳动力？其背后基本的逻辑是什么？

蔡昉：家庭联产承包责任制是农村改革的关键，它将劳动力从边际生产率极低的农业中释放出来。甚至在 1978 年以前，虽然没有得到官方许可，在一些边缘农村地区，已有小部分农村实行了联产承包。1978 年召开的十一届三中全会首次默许了联产承包制，然后联产承包制被接受、被立法。1984年末，所有的生产队和98%的农村家庭均实现了联产承包。

农村家庭联产承包责任制的初始目标是提高农民生产和工作的积极性，在保证国家和集体所有权的前提下，农民享有自主经营权和剩余收益权。但是一个新的现象开始出现：农民家庭可以拥有并自由分配生产资源。在家庭承包责任制下，农民在交完农业税、完成政府下达任务并满足集体提留要求后，他们可以自己决定种植何种作物，并自由分配工作时间。在这两种自主权的前提下，如果劳动力过剩，农民就开始重新分配劳动力和其他生产要素。

辛贤：但是家庭联产承包责任制实施和人民公社体制废除也仅仅是释放了农村劳动力，农村劳动力大规模的持续向外转移，还有哪些改革措施在起作用？

蔡昉：在劳动力从农村向城镇转移的过程中，有几点重大改革突破：1983年，在农业总产出持续增加的情况下，允许农民向其他城镇运输并售卖自己的农产品，首次消除了农民经济活动的地域限制；1988年，允许农民携带亲属在临近乡镇就业，首次消除了农业和城镇部门的就业限制；20世纪90年代早期，随着配给制度的取消，阻碍农村劳动力在城市工作和生活的实际壁垒也不复存在。

当然，户籍制度仍然存在，导致农村流动人口无法在其就业的城市享受到平等的基本公共服务，包括义务教育、基本社会保险、最低生活保障和住房补贴，但它不再是限制劳动力流动和人口迁移的障碍。

辛贤：过去的农村剩余劳动力主要是向城镇转移，您认为大规模的农村劳动力是怎样不断转移到城镇的？

蔡昉：我国的城乡劳动力市场是分割的，所以农村劳动力的非农就业开始主要集中在边缘行业。在整个20世纪80年代，乡镇企业仍然是转移劳动力的唯一就业选择。1992年以后，沿海地区劳动密集型制造业和非公共部

专题三　改革时期中国农业剩余劳动力的大迁徙与再配置

门的快速扩张吸引了大量的转移劳动力，因此出现了第一次移民潮。20 世纪 90 年代后期，国有企业的就业制度发生激烈变化，将城乡劳动力市场整合在一起。因此，阻碍劳动力跨区域和跨产业转移的因素渐渐消失。

尽管始于 80 年代早期的改革赋予了国有企业雇佣员工的自主权，但是企业管理者并不愿意使用这个权利，因为未成熟的劳动力市场和不完善的社会保险体系无法应对未来可能出现的失业潮。90 年代后期，在经营非常困难的重压下，国有企业开始重新制定就业制度，打破了长期存在的"铁饭碗"制度，大量国有企业员工下岗。

自那时起，劳动力市场基本要素逐渐形成：第一，失业和未就业工人在政府促进就业政策的帮助下，也通过劳动力市场重新找到了工作。这些政策主要包括失业保险和其他社会保险、就业培训项目、就业中介和公共就业的实施。第二，新进入者也通过劳动力市场找到工作，而不是就业分配。第三，转移劳动力和城镇劳动力在就业市场的竞争机会是平等的，这就使得他们可以进入城镇中的任何行业并由市场决定劳动报酬。

辛贤：提到农村劳动力转移，就不得不让人想起"刘易斯转折点"这一概念，而关于中国的"刘易斯转折点"是否已经到来在学术界还存在争论，您认为我国的"刘易斯转折点"到来了吗？

蔡昉：我认为中国的"刘易斯转折点"已经到来。二元经济理论认为，农业吸收了大量的低边际生产率的劳动力。随着资本积累，工业扩张导致的劳动力需求通过这些剩余农业劳动力的转移而得到满足。当剩余劳动力耗尽的时候，也就是刘易斯拐点到来的时候，实际工资将保持不变。结构变化意味着生产要素从低生产率产业流向高生产率产业，特别是劳动力，这是劳动生产率增长的关键驱动力，从而与经济发展保持一致。这个过程就是库兹涅茨发展过程。中国改革时期的经济增长伴随着人口转型，劳动力人口年龄持续增长，人口抚养比下降，这种情况也可被定义为二元经济发展。那么为什么存在争论呢？原因在于许多学者是通过引用被高估的统计数字，而由此认

为中国仍存在着规模庞大的农业剩余劳动力，否定劳动力短缺和工资上涨与人口变化的关系，否认农业中边际劳动生产力的提高，从而否认"刘易斯转折点"的到来。不过，无论是官方统计数字，还是以之为依据的学术观点，都不符合中国经济发展的逻辑和经验。

辛贤：关于这一争论，持否认观点的学者提出的质疑有哪些？

蔡昉：主要有三点：其一，农业仍存在大量的剩余劳动力，这与和平时期人类历史上中国所经历的人口迁移不一致。根据 2017 年国家统计局全国年度调查数据，2016 年转移劳动力总量为 2.82 亿，其中有 1.69 亿转移人口离开家乡长达半年以上（80% 以上的人口进入城市），剩余的 1.12 亿在家乡从事非农就业。相应地，2004 年开始，劳动力节约型的农业机械迅速发展，农业劳动力投入也显著减少。

其二，根据官方统计数据，在中国经济高速增长和结构巨大变化的 1978—2012 年，农业劳动力份额的年均下降比率仅为 2.2%。在相同比较时期，这还不及日本和韩国的二分之一。1953—1987 年，日本农业劳动力份额年均下降 4.5%，韩国从 1963—1997 年，年均下降 5.1%。如果说在计划经济时期，中国的结构转型落后于日本和韩国，但是在改革时期，并不落后。

其三，国际货币基金组织在 2006 年指出，关于中国劳动力的官方统计数据普遍高于理论预测数据；一些实证研究也发现，中国农业的实际劳动力份额明显低于官方数据。我在 2013 年完成的一项研究发现，官方统计的 2009 年农业劳动力份额数据比实际情况高 13.4%。

辛贤：如果我们抛开这个争论，劳动力从低生产率的农业部门转移到高生产率的非农部门，这是一个不争的事实。您认为中国的农业劳动力转移对经济增长和结构转变的贡献大吗？能具体谈一谈吗？

蔡昉：非常大。在改革时期，良好的人口结构为中国经济增长作了显著贡献。我曾经用人口抚养比作为人口红利的代变量对此进行研究，发现

专题三　改革时期中国农业剩余劳动力的大迁徙与再配置

1982—2000 年，它对 GDP 增长的贡献率为 15%。但是，人口抚养比对经济增长的贡献至多也就是人口红利贡献的一部分，因此要研究广义的人口红利对经济增长的贡献，必须考虑得更全面、更细致。具体来看：第一，人口抚养比下降会提高储蓄率，而且无限的劳动力供给会延缓资本边际报酬递减的过早出现。这两种现象都导致资本积累增加，而资本积累对这个时期 9.9% 的 GDP 平均增长率的贡献为 61.1%。第二，从对经济增长的贡献看，具有比较优势的人口结构能保证劳动力的数量和质量。充足的劳动力资源是追赶式增长的有利因素。具有更高教育水平的新劳动力也在稳步增长，但经常被忽视，他们对改善人力资本起着非常重要的作用，而人力资本对经济增长的贡献率为 5.6%。第三，按照从低生产率转移到高生产率的经济逻辑，劳动力在城乡之间、产业之间和区域之间的转移，提高了资源再分配的有效性，对全要素生产率（Total Factor Productivity，TFP）增长有重要贡献。如果将中国的 TFP 增长分解为资源再分配和残值的话，世界银行发现，1978—1995 年，劳动力转移引起的资源再分配对 GDP 增长的贡献为 16%。据此,我认为劳动力转移和重新配置是这一时期中国经济增长最根本的源泉。

辛贤：在当前复杂的环境下，这种人口结构的转变还能继续为经济增长保驾护航吗？

蔡昉：这要看其他相关的经济和社会环境是否发生变化。如果停留在目前的劳动力结构格局以及城市化水平，答案是否定的。人口红利支撑了中国近 30 年的快速经济增长，在 21 世纪的头 10 年，中国的人口转型进入一个新阶段。有数据表明，年龄在 15～59 岁的劳动人口总量在 2010 年达到顶峰，从事经济活动的人口总量在 2017 年达到顶峰。相应地，人口抚养比从 2010 年开始反转，逐渐上升。确切地说，年龄为 16～19 岁的农村人口在 2014 年达到顶峰，此后逐渐减少。这部分人群是农村向城市转移的绝对主力。

结果就是，在 2004 年转移劳动力首次出现短缺后，城市劳动市场的新进入者的绝对数量开始下降，净增转移人口基本没变，这很可能会阻碍城

镇化和缩小劳动再分配空间。根据经济增长理论和经验，当前的劳动力分配模式和城镇化水平不足以支撑中国经济持续增长从而成为高收入、现代化国家。

辛贤：那也就是说劳动力生产要素已经无法创造新的经济增长动力了吗？

蔡昉：不能这么说。中国在经过"刘易斯转折点"之后，人口结构对经济增长的支持程度有所降低，这从人力资本供给不足、资本回报递减和劳动力流动减缓中可以体现出来。但是，阻碍劳动力供给和再分配的制度因素仍然存在，如果改革能以消除这些障碍为目的，那么新的经济增长动力就会出现。其实，我们进入现代化不仅还有很长的路要走，而且短期内的任务非常艰巨。

辛贤：哪些制度因素在阻碍劳动力供给和再分配？

蔡昉：概括地说，就是户籍制度改革。不论是官方公布的数据，还是国际劳动组织估计的数据，又或是学术界估计的数据，在进入高收入阶段的转型期，中国仍然有广阔的空间来进一步减少农村劳动力。除了与发达国家和其他参照国家之间在城镇化上有较大差距，中国实际上的城镇化和名义上的城镇化之间也存在明显差别。实际上的城镇化是统计数据显示的转移数量，而名义上的城镇化是可以享受同等的城市基本公共服务但又不包含在统计数据中的转移数量。从这个角度看，户籍制度改革是支撑劳动力转移、人口城镇化以及破除阻碍经济增长的壁垒的关键，也是我们当前面临的艰巨任务。

辛贤：单纯的户籍制度就可以完成当前的艰巨任务吗？

蔡昉：不能。单独的户籍制度无法发挥作用，必须与其他制度变革紧密相关，也就是说，它们在共同阻碍人口转移和劳动力再分配。从这个意义上说，尽管户籍制度仍然存在，但是它的传统作用已大大弱化。比如，人民公社制度和主要农产品统购统销制度早被取消，户籍制度也无法阻止农村居民在城镇地区定居和工作。再者，转移劳动力和城镇居民之间的基本公共服务越来越均等化，户籍制度也不能完全使转移劳动力无法享受这些公共服务。

但是，狭义的户籍制度是当前阻碍农村地区的劳动力市场新进入者充分转移和转移到城镇地区的劳动力充分享受均等基本公共服务的最后一道制度障碍。如果今天我们的户籍制度改革集中在外围，也就是解决匹配政策而不是户籍制度本身，那么当务之急是将改革推向核心地带，也就是转移劳动力市民化，即提高实际的城镇化水平。

辛贤：这个任务的"艰巨性"到底体现在什么地方？

蔡昉：将户籍制度改革推向核心地带就是保证转移劳动力与市民享受同等的基本公共服务，但是中央政府和地方政府之间存在公共服务提供的激励不兼容问题，而户籍制度外围的改革最终是无法保证转移劳动力与市民同等对待的。在中国，城市基本公共服务，比如最低生活保障制度、基本社会保险政策、义务教育和住房补贴，主要由地方政府负责。在地方政府财政能力和支出责任不相等的背景下，只要城镇人口被户籍所区分，那么就算不被歧视，转移劳动力与市民也是被区别对待的。

一些城市已经采取了市民准入制度和积分制度，来逐渐实现转移劳动力市民化。转移的劳动力首先在转移城市获得居住资格，然后根据其工作年限、社会安全贡献和税收等获得积分，直到满足成为合法化居民的标准。但是，标准是由市政制定的，只要财政能力和支出责任不相等，也会因此而削弱吸引新进入者的激励，那么地方政府就倾向于对新进入者设定更高的标准。

在户籍制度改革的动力上，中央政府和地方政府之间也存在激励不兼容。

辛贤：对此，我们又应该做什么样的制度改变呢？

蔡昉：尽管在整体上，户籍制度改革会通过促进劳动力转移和再分配有

利于经济发展，但是改革的成本仍由地方政府承担。因此，如果先前的改革措施是底层设计，那么新一轮的户籍改革就需要顶层设计。因为综合性的改革措施是一种公共品，它影响着整个国家的长期发展。

一项完整的顶层设计至少包括两方面：

首先，改革的成本，比如地方户口扩容导致的公共支出增加，应该拆分为中央政府和地方政府分别承担，并同等分享改革红利。越来越多的转移劳动力及家人带来的大部分直接成本由中央政府负责。比如，如果中央政府负责承担义务教育支出，那么地方政府在户籍制度改革中承担的成本会显著减少。

其次，中央政策制定者应该绘制一个户籍制度改革蓝图，不仅包括制定法定目标，也详细列出为推动改革而实施的可操作的、可控制的和可评估的一系列步骤。中央政府设计的改革与地方政府设计的改革，二者的不同之处在于成本和收益的严格对应。换句话说，中央给予地方政府的全部补偿会得到回报，这个回报就来自于转移劳动力市民化程度不断加深而对经济增长的贡献。

专题四

从征税到补贴：1978 年以来的中国农业

凯姆·安德森（Kym Anderson） 1950 年生人。现任澳大利亚阿德莱德大学经济学教授，葡萄酒经济研究中心基金会执行主任。欧洲总部（伦敦）经济政策研究中心研究员、澳大利亚社会科学院院士，曾任阿德莱德大学经济学院乔治·高林（George Gollin）名誉教授和澳大利亚农业和资源经济学会主席。曾在韩国国际经济研究所（1979 年）和农村经济研究所访问，还在澳大利亚贸易部（1983 年），瑞典斯德哥尔摩大学国际经济研究所（1988 年），关贸总协定（现在 WTO）秘书处（日内瓦，1990—1992 年）以及世界银行（2004—2007 年）等机构工作。澳大利亚国立大学、北京大学等高校的客座教授。研究领域为农业、食品和葡萄酒经济学和贸易政策问题以及世贸组织问题。2015 年荣获澳大利亚勋章，2016 年荣获新英格兰大学杰出校友奖。

观点摘要 >>>

1. 20 世纪 80 年代以来，中国农业部门名义援助率（NRA）的平均值逐步提高，从初期的 −40% 到 90 年代的 −6%，再到 21 世纪头 10 年的 8%。而当前的十年，则高于 15%。

2. 在过去半个世纪中，除中国外，其他发展中国家也减少了对农业的不利政策，只是中国的行动效率远高于其他发展中国家。中国从 21 世纪初开始相对援助率（RRA）变为正，而其他发展中国家作为一个整体的平均 RRA 仍然低于 0。

3. 中国农民的名义援助率（NRA）现在几乎与经合组织成员国的农民一样高。与其他国家不同的是，中国的 RRA 在上升，而其他国家的 RRA 则在下降。也就是说，中国的农业和食品政策与经合组织成员国的政策是相反的。

4. RRA 的提高有助于缩小农民和非农家庭收入之间的差距，并提高粮食自给率。但也导致了国家经济增长和福利下降，降低了消费者的实际收入，提高了国内粮食价格，因而对国家粮食安全产生了不利影响。

5. 若维持现有政策不变，到 2030 年中国农业自给率将从 97% 下降到 88%，但粮食供应量将好于 2007 年。

6. 为提高农业自给率，中国可采取加强对进口的限制和在边际社会收益率高于资金机会成本的地区扩大公共农村投资等其他政策手段。

7. 未来中国的农业支持应着眼于在农村基础设施建设、农业研究、农村小学教育和卫生方面开展进一步的公共投资。此外，由于信息和通信技术的革命以及电子支付的出现，转移支付的效率可以大幅提高。

农业在 1978 年以来的中国经济改革过程中一直处于优先战略地位。最突出的表现是 20 世纪 80 年代，国家一直设法保持粮食和农产品的自给率。然而，1980—2015 年，由于大规模工业化导致农业在经济中的份额骤降，农业占 GDP 的比重从 40% 以上降至 10% 以下，农业从业人员从 70% 以上降至 30% 以下。这对于快速工业化、人口相对密集的最大的发展中国家经济体而言，这一现象是史无前例的。

当然，制度创新和技术创新对中国能够维持粮食自给自足做出了很大贡献。1978—1984 年，以家庭责任制逐步取代集体农业的制度创新和技术创新刺激了中国农业经济的增长。同时，价格、贸易和汇率政策改革也有所贡献。到了 20 世纪 80—90 年代，农民的赋税压力极其沉重。

作为政策改革的一部分，这些抑制措施在改革中逐渐被取消。这些改革对推进农业生产和刺激国内消费发挥了重要作用。然而，也正是从那时起，中国农业对进口的依赖性不断增加。中国的自给率在 2000—2004 年下降到 98%，其贸易专业化指数（净出口除以出口加上农产品进口）从 20 世纪 80—90 年代的 0.1 降至 2000—2016 年的 −0.3。也正因如此，在过去的 20 年里，这种日益增长的进口依赖促使中国政府越来越多地扶持农民。

关于农业征税和补贴政策问题，长期从事发展中国家农业经济问题研究的澳大利亚学者 Kym Anderson 教授有长期和较为深入的研究。那么，作为一名知名的国际农业经济学者，他如何看待改革开放以来中国的农业征税和补贴政策的变化？又如何评价和衡量补贴程度？未来中国应该采取怎样的补贴政策？带着这些问题，我利用在澳大利亚参会的机会，对 Kym Anderson 教授进行了专访。

（苏保忠）

苏保忠：Anderson 教授，您好！关于农业征税或补贴程度及其对农民的影响，您觉得应该如何衡量？

Kym Anderson：农业征税和补贴的程度，主要有国家对农民的扭曲激励和消费者价格两个指标。现在比较常用的指标是世界银行全面项目中使用的名义援助率（Nominal Rate of Assistance，NRA）。NRA 是政府通过某项干预政策使得某种农产品给农户带来的总收益增加的百分比。把未变形价格的产量值作为权重，将单项产品估算值加权平均估算所有产品的 NRA。

同时，还需要测算非农产品的加权 NRA，以及两者对比的相对援助率（Relative Rate of Assistance，RRA）。如果生产者要获得收益，那么 NRA 和 RRA 均不能低于 −100%。如果这两者得到同样的援助，那么 RRA 为 0。

苏保忠：中华人民共和国成立以来，农业税一直是国家财力的重要支柱。2004 年国务院开始实行减征或免征农业税的惠农政策，到 2006 年全面取消了农业税。如何用您刚才提到的指标来量化中国农民激励制度的变化？

Kym Anderson：20 世纪 80 年代以前，中国的农业生产和出口实际上承受着严重的税费负担，而国内的农产品消费者得到了有效补贴。过去采取的一些农业政策，包括出口限制和以低于市场价格向政府交付部分作物的要求，反映在 NRAs 中均为负值。但对于一些进口竞争行业来说，对进口的限制意味着他们的 NRA 为正，例如牛奶和糖。20 世纪 80 年代以来，中国农业部门 NRA 的平均值逐步提高，从 80 年代的 −40% 提高到 90 年代的 −6%，21 世纪头 10 年为 8%，在当前 10 年中高于 15%。

20 世纪，由于制造业保护政策和汇率高估的间接影响，农业 RRA 大概为 −50%。1981—1984 年，RRA 低至 −61%。随着一系列改革政策的出台，RRA 在 20 世纪 90 年代后期逐渐接近 0。也就是说，国内农业与非农产品贸易产品的价格是国际价格比的双倍。在改革的前 20 年，RRA 的约六分之一是由于双重汇率制度造成的。

专题四　从征税到补贴：1978 年以来的中国农业

苏保忠：中国进行农业改革时，其他国家（如韩国等）也进行了农业改革。这些国家是否也采取了类似的农民激励制度？与中国相比程度如何？

Kym Anderson：在过去半个世纪中，除中国外，其他发展中国家也减少了对农业的不利政策，只是中国的行动效率远高于其他发展中国家；21世纪初开始，中国 RRA 变为正，而其他发展中国家作为一个整体的平均 RRA 仍然低于 0。

值得我们关注的是，东亚其他工业化经济体在 30 年前也已经从负面转向正面援助农民。在过去的几十年中，中国对农民的征税远远高于韩国，这些国家农业改革速度也明显快于中国。这些鼓励政策的变化，减缓了随着中国工业化进程而发生的农业自给率的下降，对于减少农业生产的不利影响具有重大意义。1980—2000 年这 20 年的改革也通过减少部门间资源配置错误，增加了国家经济增长和福利，控制了城乡居民收入差距的进一步扩大。

苏保忠：中国农民的 NRA 是否达到了经合组织国家水平？

Kym Anderson：中国农民的 NRA 现在几乎与经合组织成员国的农民一样高。2014—2016 年对农业的全面支持占中国 GDP 的 2.4%，是经合组织成员国的 4 倍。与其他国家不同的是，中国的 RRA 在上升，而其他国家 RRA 在下降。也就是说，中国的农业和食品政策与经合组织成员国的政策相反。

苏保忠：RRA 的提高意味着对农业给予了更多的支持，势必在一定程度上挤占非农产业，这种政策扶持会不会产生负面影响？

Kym Anderson：近年来，中国在努力提高 RRA 的过程中，降低了资源使用效率，从而降低国家经济增长和福利。这种转变可能有助于缩小农民和非农家庭收入之间的差距，并提高粮食自给率。但同时也降低了消费者的实际收入，提高了国内粮食价格，因而对国家粮食安全产生了不利影响。

2014—2016 年，中国的消费者食品价格平均比国际价格高出 13%，谷物消费价格上涨超过 40%，牛奶和食糖价格比开放市场高出 80% 以上。这直接影响到贫困人口的粮食安全。

苏保忠：未来中国如果继续维持现有的农业支持政策，您认为，会对农业和市场产生怎样的影响？

Kym Anderson：对于影响的评估，可以用全球贸易分析模型（Global Trade Analysis Project，GTAP）进行模拟。首先，假设基准情景下，初始时各国 2007 年与贸易有关的政策不会改变，假设 2007—2030 年中国实际 GDP 增长率为每年 6%。基线预测在这种基准情景下，2030 年国际农产品和食品的实际国际价格比 2007 年高出 9 个百分点，远低于 2008—2012 年的高峰水平。

2007 年，中国占世界农产品和食品进出口的 4%，农产品的自给率达到 97%。如果政策不变，到 2030 年，中国在全球农产品进口中的份额预计为 20%，而出口份额预计会减少。假设政策保持不变，中国农业自给率预计将下降 9 个百分点。

但是，由于中国在这一时期的收入和农产品产量预计会增加，因此，中国农业和食品的实际人均消费量在 2030 年将比 2007 年高出 75%。消费者饮食从主食转向高价食品，随着国内消费者价格变化，消费数量也会发生相应反应。也就是说，即使农业自给率从 97% 下降到 88%，2030 年中国的粮食供应量也将好于 2007 年。

苏保忠：您提到农业自给率会下降，这在拥有十几亿人口的中国是很难想象的。在这种情况下，有没有可替代的政策选择？

Kym Anderson：目前来看确实存在几种政策手段：一是加强对进口的限制。这是一种典型的政策手段，但要明白：这种扭曲市场的措施会降低国民收入，抬高食品价格，进而增强大多数公众获取食物的能力。

专题四　从征税到补贴：1978 年以来的中国农业

二是在边际社会收益率高于资金机会成本的地区扩大公共农村投资。与扭曲价格的措施相比，这种措施不仅提高了短期国民收入水平，而且提高了长期的经济增长率和粮食自给率。尽管近几十年来中国的公共投资已经大幅上升，但它仅为亚太地区平均水平的 40%。提高发展中国家公共投资水平的边际回报非常高。

比如在 20 世纪 80—90 年代，巴西的农业研发投入占国内农业生产总值的比例是中国公共农业研发的 4 倍多。因此，自 20 世纪 90 年代初以来，巴西的农作物和畜产品产量翻了一番，而且粮食自给率也相应提高。该项目偏向于研究节省劳动力的技术，这一投资也帮助农民适应农村工资上涨的趋势。这种投资降低了国内消费者食品价格，不仅会使农民受益，而且会使这些食品的净购买者受益，从而为粮食安全的可用性和可获得性做出贡献。这与限制食品进口形成对比，限制进口提高了国内价格，从而使净食品卖家受益，但牺牲了食品净购买者的利益。现在有一半以上的中国员工在城市就业，而四分之一的人还在农场工作，这样的政策措施会让更多人受到伤害。

有研究表明，要使中国通过农业全要素生产率的增长实现粮食自给率达到 2007 年的 97%，需要 2007—2030 年农业全要素生产率累计提高 60%，也就是说每年增加 2%。平均收入高出 7%，这将导致中国家庭消费的各种食品量增加，也将减少 2030 年中国进口总量中农业和粮食进口的相对重要性，进口总量从基准模拟中的 13%降低到农业生产率增长情景下的 4%。

苏保忠：是不是说扩大公共农村投资比对进口限制效果更好？进口限制措施有哪些负面影响？

Kym Anderson：这要根据现实情况来看。政府有时选择使用贸易措施，比如食品进口限制，因为它避免了直接生产者或消费者补贴涉及的预算支出。为了提高农业收入以缩小城乡收入差距，日本和韩国除了主食粮，还对肉类和奶类产品实行进口限制。如果中国在 2030 年之前禁止这种进口以实现自给自足，那么转向大米、小麦和畜牧生产的资源将导致其他农作物自给自足程度的降低。这种进口限制的关税等值范围从小麦的 114% 到红肉的 255% 不等，这些都远高于中国的限额外关税配额，与中国的 WTO 相关承诺不一致。

此外，类似的食品进口限制政策变化会给粮食、肉类和奶制品的消费者带来负担，因为这些产品的国内消费价格会随着供应减少而上涨。食品进口限制政策导致中国家庭食品消费量减少的幅度如下：牲畜产品 3% ~ 6%，谷物 0 ~ 3%，植物油和园艺产品 2% ~ 3%。其他产品的进口限制政策虽然没有变化，但也会带来消费量的下降。原因在于，这一政策导致实际国民收入下降，同时，生产资源从这些产业中撤出使农业产业受到一定的资源保护。这种政策通过抬高绝大多数家庭获得食物的价格，以保障国家粮食安全。

苏保忠：中国已开始重新制定一些农业支持措施，但大多数形式仍然与当前的农业生产相结合。依您所见，是否存在提高国家粮食安全，缩小农民和非农家庭收入差距，减少极端贫困的更有效的方式？中国政府应该通过何种方式保障粮食安全？

Kym Anderson：许多实证研究表明，在农村基础设施、农业研究、农村小学教育和卫生方面开展进一步的公共投资，在中国能够获得高收益。

此外，由于信息和通信技术的革命，现在有比价格支持更便宜和更简单的手段。政府在需要时，向最贫穷、粮食最不安全的家庭提供收入补贴。过去发展中国家的这种支付是不可实现的，因为涉及财政支出和管理费用高昂。然而，现在可以通过电子方式提供现金转移支付，因为绝大多数人可以使用电子银行。如果向农村家庭支付这些费用的条件是满足其子女的基本健康和教育目标，那么可以缩小农村与城市地区儿童发展之间的巨大差距。

中国比大多数发展中国家更有能力以电子方式有效地向农户提供社会保障支付。政府已经为当地银行的每个家庭设立了一个特殊账户，可以通过电子方式向每个账户及时存款。如果加上农业研究投资和降低粮食价值链成本的基础设施，这种现金转移将会对国家粮食安全产生更有利的影响。

专题四　从征税到补贴：1978 年以来的中国农业

专题五

农业组织和农民合作社的作用：过去和未来

黄祖辉　1952 年生人。现任浙江大学中国农村发展研究院院长、教授、博士生导师，教育部人文社会科学重点研究基地浙江大学农业现代化与农村发展研究中心（卡特）主任，浙江大学求是特聘教授。拥有多项社会兼职：教育部农林经济管理教学指导委员会委员，浙江省省政府咨询委员会委员，中国农村合作经济管理学会副理事长，中国农业经济学会常务理事，农业部软科学委员会委员，浙江省农业经济学会会长，浙江省企业管理研究会副会长，国际农业经济学会（IAAE）会员等。主要研究领域包括农业经济与农村发展，产业组织与制度安排以及土地经济与管理。在中外期刊发表论文 200 多篇，出版专著 10 多部。曾获得首届中国农村发展研究著作奖和浙江省哲学社会科学突出学术贡献奖。

观点摘要 >>>

1．改革开放 40 年来，农业和农村均取得重大发展，其中农业合作组织是重要的制度创新之一。

2．农业龙头企业、农民专业合作社和家庭农场构成了当前我国的农业组织体系，近期出现的土地股份合作社和合作社联盟本质上都属于合作社。

3．农民合作社能将家庭经营、合作经营、企业经营及协同关系有机结合起来，因此农民合作社在中国的农业组织体系中处于核心地位。

4．中国的合作社和西方国家的合作社存在着本质区别，它脱离了传统合作社的参与者所有和参与者控制原则。这引起了关于合作社的争论，争论的焦点在于合作社市场有效性和合作社市场竞争力。

5．供给侧劳动力减少、消费者对多样化和高质量农产品需求增加、信息化和电子商务的发展是我国农业组织体系发展面临的新挑战。

6．面对这些新挑战，需要政府和农民携手应对。农业供给侧改革和产业融合战略是政府政策的着力点，而新农人的出现、农业产业联合体的建立以及传统农民集体行动可以帮助农民有效应对新挑战。

农业现代化是国家现代化的重要组成部分，是我国未来农业的发展方向。突破传统农业制度性约束，营造现代农业生产经营环境，是实现我国农业现代化的必然选择。

从传统农业走向现代农业的过程，实质上是一个制度变革和组织创新的过程。始于 1978 年的农村改革，通过实行家庭承包经营为基础、统分结合的双层经营体制，实现了我国农业组织形式的一次重大变革。这一基础性的经营制度和组织形式，经实践证明，激发了农民的生产积极性，促进了农业生产发展。但是，随着农村商品经济的发展特别是社会主义市场经济的不断发展，家庭责任制对于农业生产发展的弊端，如生产规模过小、生产要素配置低效、无法与市场进行有效对接等，逐渐暴露出来，因此，发展和建立农民合作组织就成为一种必然。

由此看来，农民合作是学界和政府基于家庭责任制的局限性为促进中国农业发展而开出的一剂新药方，也是农民在实践中理性选择的结果。我国的农民合作社，也正是在农村发展市场经济过程中，为适应拓展经营领域，延伸产业链条的需要而逐步发展起来的。

关于农业组织与农民合作社相关问题，浙江大学黄祖辉教授及其研究团队有着长期深入的研究。他是浙江大学农村发展研究院院长，还兼任浙江大学中国农民合作组织研究中心的主任，是这方面的知名专家。

那么，改革开放 40 年来我国的农业组织和农民合作社的发展经历了一个怎样的历程？它们又在农业与农村发展中发挥了什么样的作用？带着这两个基础性问题，我如约对黄祖辉教授进行了专访。

（苏保忠）

苏保忠：黄老师，您好！提到1978年的农村改革，我们好像谈论更多的是家庭联产承包责任制，而较少谈及农业合作组织。作为长期从事这一问题研究的专家，您是如何看待这一问题的？

黄祖辉：农业合作组织非常重要，之所以谈论较少，是因为在改革初期，没有出现正式的农业合作组织。在整个改革的40年间，农业和农村均取得显著发展，其中农业合作组织是重要的制度创新之一。20世纪70年代末期实行的家庭联产承包责任制，使得农民独立面对生产和市场的双重风险，农民只能依靠新技术、新服务和新市场维持生计。另外，发展中国家的农业受国际市场发展的影响越来越大，比如国际贸易自由化，中国也不例外。随着专业化和劳动分工，农民正以极低的收益面对不断多样化、高质量的农产品需求。所以，农业产业化和制度创新是农民出路的必然要求。

虽然没有出现正式的农业合作组织，但是类似的组织已经出现，就是农民专业技术协会。因为农业经营体系由集体所有制转向家庭联产承包责任制，农地经营权分配给农民，但所有权仍属于集体，将一定比例的农业产出上交国家以后，农民对剩余农产品有自主权，所以农民寻求新技术以最大化农业产出和农产品价值。在80年代早期，一些有能力的农民与当地科技协会共同成立了农民专业技术协会。其目的在于推动特定农产品产业发展，为农民提供技术指导、市场信息、为农民与买者提供中介服务等。另外，技术协会也是政府与农民沟通的桥梁。

苏保忠：这个农民专业技术协会能满足农民的需求吗？

黄祖辉：由于技术协会不是统一的组织，无法直接进入市场参与经济活动，因此，根本无法满足农民的市场需求。虽然家庭联产承包责任制赋予了农民对剩余农产品的所有权，但是因为生产规模小和市场信息的缺失，农民仍然无法有效地与其他市场参与者沟通，特别是20世纪90年代工商资本进入农村地区，中国农业开始产业化，这极大地增加了农民对技术和市场的需求。在这个背景下，农业龙头企业应运而生。

专题五　农业组织和农民合作社的作用：过去和未来

苏保忠：农业龙头企业是一个什么样的合作组织？效果如何？

黄祖辉：农业龙头企业是指从事提供农业投入以及农产品加工和流通的企业。随着 80 年代农业产业化的发展，对劳动分工、生产和流通的衔接、供应链扩张和高质量农产品等的需求越来越大。20 世纪 90 年代，大量的农业龙头企业成立并快速发展，它们为农民提供技术指导并向农民销售农药、化肥等投入品。无论对于农业龙头企业，还是农民，这都是一种双赢：农民通过将农产品销售给农业龙头企业，实现与市场的有效衔接，而农业龙头企业以较低的交易成本得到稳定的原材料。

苏保忠：农业龙头企业似乎也无法让农民直接参与市场？

黄祖辉：是的。尽管农民专业技术协会和农业龙头企业的出现为农民解决了一些问题，但是也面临着新挑战，比如无法获得农产品附加值、合约不稳定等。另外，农业产业化也带来了一些难题，比如专业化、信息化和供给链参与者全球化。但小规模农户根本无法与其他市场参与者衔接，而农民专业合作社能帮助农民应对这些挑战。农民专业合作社是在政府推动下成立的，目前正适度发展。农民专业合作社为农民所有并惠及农民，它能避免农民和企业合约不稳定带来的不利影响。

苏保忠：农业龙头企业和农民专业合作社共同构成了当前农业合作组织的主要部分，其发展经历了一个怎样的过程？

黄祖辉：农业龙头企业的发展始于 1988 年。1998 年，十五届三中全会召开，提出要加快农业龙头企业的发展。2000 年，扶持政策及相关规章制度正式颁布。同年，115 家企业被确定为国家重点农业龙头企业，随后各省市也实施了重点农业龙头企业扶持项目。而农民合作社的发展始于 20 世纪初，从 2004 年开始，历年的中央 1 号文件曾多次提到农民专业合作社。同时，一些农民专业技术协会也通过重组转变为农民专业合作社，以代表全体社员参与市场。2007 年颁布《中华人民共和国农民专业合作社法》后，农民专业合作社数量的增长趋势更加迅猛。同时，其他形式的合作社也开始出现，比如土地股份合作社和合作社联盟。2013 年，中央 1 号文件也将"农民专业合作社"改为"农民合作社"以适应新形势发展的需要。经过 10 年的发展，2017 年底修订后的《中华人民共和国农民专业合作社法》正式公布并于 2018 年 7 月 1 日起正式实施，农民专业合作社走上了法制化轨道。

苏保忠：目前我国农业发展的主要问题仍然没有解决，包括生产效率低、生产成本高、附加值低等。您觉得要解决这些问题，还需要怎样的农业组织创新？

黄祖辉：人多地少是我国的基本国情。我国人均耕地面积仅为 1.4 亩，而且将近一半的省份人均耕地面积低于 1 亩。中国快速的城镇化和工业化，导致许多农民从农村转移到城市或者从农业转移到非农业，从而对土地流转、农业企业家和技术进步产生需求。因此，家庭农场和土地股份合作社等新的组织形式开始出现。此外，虽然农民合作社更容易进入市场，但仍然无法与其他市场参与者竞争。因此，同一产业和同一地区的农民合作社开始形成联盟，这也是一种农业组织创新。

苏保忠：家庭农场、土地股份合作社和合作社联盟是什么样的组织？

黄祖辉：2008 年党的十七届三中全会报告第一次提出将家庭农场作为农业新型经营主体之一。2013 年中央 1 号文件再次提到"家庭农场"。其定义为"主要由家庭成员经营的以市场和利润为导向的组织，从事农业生产、加工和销售"。农业农村部曾强调，家庭农场的劳动力应主要来自于家庭成员，而不是长期雇工。家庭大部分收入来自于农业收入，是家庭农场的主要特征。家庭农场的目的在于提高生产效率，并通过扩大经营规模提高收入。家庭农场可以加入农民合作社以获取技术服务并进入市场。

土地股份合作社被官方正式提出，是在 2013 年，它是建立在土地流转和经营基础上的。从理论上来说，根据每个社员所入股的土地面积，合作社的所有权分配给各个社员。集体土地必须固定，既可以由合作社自己经营，也可以为高生产效率和产品附加值委托给第三方企业经营。

合作社联盟的出现主要是为提高合作社竞争力。合作社联盟的所有成员一起分享技术、市场信息、品牌，并展开融资合作。一些上游原材料供给者和下游加工者也加入进来，以实现垂直一体化、节约交易成本。2013 年中央 1 号文件首次提到合作社联盟。

苏保忠：改革开放至今，我国农业组织的演化进程是什么？

黄祖辉：在过去的 40 年，按照时间轴划分，农业组织的演化可概括如下：1978—1987 年，联产承包责任制实施和农民专业技术协会开始出现；1988—1997 年，农业龙头企业和农民专业合作社进入发展期；1998—2007 年，农业龙头企业和农民专业合作社进入繁荣期；2008—2017 年，农民专业合作社迅速发展，同时新的组织包括家庭农场、土地股份合作社和合作社联盟出现并发展。

苏保忠：农业龙头企业作为较早出现的农业组织，当前的发展现状如何？它与农民的合作关系如何？

黄祖辉：截至 2015 年底，我国共有 12.9 万家农业龙头企业，超过 40% 的农户为其提供农产品，超过三分之一的农产品经过农业龙头企业进入市场。随着农民合作社和家庭农场的快速发展，农业龙头企业的增长速度有所减缓，但仍然是主要的农业组织之一。根据总资产、固定资产、销售利润和与农民联系的广泛性，农业龙头企业分为国家级、省级和市级三个层次。

农业龙头企业和农民之间的合作关系分为三种：第一，农民通过即期交易和随机交易为农业企业提供农产品。这种类型的企业通常位于生产地并从当地农民购买农产品，也不为农民提供技术指导。第二，通过农产品承包的形式建立关系，主要针对谷物、牲畜及特殊的工业粮食。既可以达成正式的书面协议，也可以用非正式的口头协议。企业会为农民提供原材料，而农民必须根据企业的标准进行种植和生产。根据合约内容，交易价格可以是灵活的，也可以是固定的。第三，通过农业生产要素承包的形式建立关系。农业企业将土地租给农民，统一进行规模化生产、加工和销售，农民获取固定的租金和工资。这种类型的合约广泛用于高价值、资本密集型的农产品生产上。

农业龙头企业与农民之间的合作会出现各种问题，比如合作不稳定、农民很难获得产品附加值。农民或企业有时也会因为其他高收益机会的出现而违背合约。在大多数情况下，因双方实力悬殊，农民不仅是价格接受者，同时也经常被恐吓、索取高价。另外，农业企业也更倾向于和大规模农户合作，因为他们技术更先进、标准化生产能力更强。

苏保忠：农民合作社在整个农业组织体系中处于一个非常重要的地位，它当前的发展状态如何？

黄祖辉：过去 10 年，农民合作社发展迅速。根据国家公布的统计数据，农民合作社数量从 2007 年的 26 000 家增长到 2017 年的 193 万家。截至 2017 年 7 月，超过 1 亿农民加入合作社，占农民总数的 46.8%。合作社的平均社员数量从 2007 年的 13 人增加到 2017 年的 60 人左右。

产业不同，合作社数量变化也较大。从事农业、牧业、副业、林业、渔业和其他产业的合作社比例分别为 53.2%、24.3%、8.1%、5.9%、4.3% 和 5.1%。在从事农业的合作社中，38.9% 的合作社主要经营粮食，1.8% 的合作社经营蔬菜。

社员人数超过 100 人的合作社的比例从 2008 年的 1.8% 增加到 2016 年的 3.8%，社员人数为 100 人的合作社的比例从 2008 年的 1.7% 增加到 2016 年的 3.0%。

土地股份合作社是农民合作社的一种特有形式。农民通过将土地流转给合作社而获得社员资格。截至 2015 年底，共有 85 222 家土地股份合作社，占合作社总量的 6.4%。土地股份合作社可以统一经营土地，也可以将经营权委托给第三方公司。在我国，生产粮食的土地股份合作社倾向于自己经营，而生产高价值农产品的合作社通常委托给第三方公司。前者的优势在于社员可以获得附加值，但在获取资本和进入市场上会受到限制；在后者中，社员无法获得产品附加值，只能获得固定租金。无论哪种形式，合作社都会与第三方进行谈判，这会减少交易成本。

苏保忠：我国政府为鼓励农民专业合作社发展做了哪些努力？

黄祖辉：主要是出台多项扶持政策，包括生产技术和管理才能方面的综合培训及大量补贴。2010—2015 年，政府的合作社补贴总支出为 250 亿元，但是覆盖范围不大，只有 2.5% 的合作社享受到补贴政策。由于经营面积、产品质量、品牌建设和品牌市场推广等方面的优势，试点合作社更受政府重视。截至 2015 年底，共有 135 000 家试点合作社，占合作社总数的 9.5%。

苏保忠：农民合作社在发展过程中曾遇到过哪些问题？

黄祖辉：遇到的问题主要包括以下几方面：第一，合作社的所有权和控制权集中在少数人（通常是发起人）手中。其他社员只关注农业生产而很少参与经营。第二，与西方国家相比，合作社社员规模较小。2017 年平均社员规模为 57 人。注册登记门槛低及政府的大力支持导致合作社数量增长较快，而合作社规模增加趋势相对落后。第三，合作社竞争力不高，他们需要管理才能和金融资本以提高其竞争力。能力培训和合作社之间的信用也缺乏。第四，大多数合作社的附加值较低。合作社提供的服务包括原材料购买、市场销售和初级加工。第五，合作社到底是惠民的，还是惠及少数管理者的，政府无法区分，这就导致扶持政策的错位，随后造成合作社本质发生改变。

苏保忠：家庭农场是最近出现的新型农业经营主体之一，其发展现状又如何呢？

黄祖辉：自 2008 年政府首次提出后，家庭农场发展很快。根据调查，

2016 年，中国有 87.7 万家家庭农场。家庭农场通过土地流转集中来扩大经营面积。家庭农场的平均经营面积为 107 亩，55.2% 的家庭农场经营面积小于 50 亩，3.7% 的家庭农场经营面积大于 500 亩。对于家庭农场的设立、土地流转、机械化及其他固定资产投入，国家也给予补贴。另外，银行也以较低的利息提供贷款。这一系列惠民政策促进了家庭农场数量的快速增加。

苏保忠：与农业龙头企业和农民专业合作社相比，家庭农场的优势和劣势分别体现在什么地方？

黄祖辉：相比农业龙头企业和合作社，家庭农场利润和效率最高。2015年，家庭农场、农业龙头企业和农民合作社的销售净利润率分别为 52%、42% 和 40%，资产回报率分别为 27%、23% 和 21%。这主要是因为家庭农场属于私有制，从而可以实现自我监管，劳动成本也较低，而且在农场内部几乎不存在交易成本。

但是家庭农场在规模机械化、信息获取和市场方面存在劣势。另外，在提高产品质量和价值增加方面，也存在困难。为了获取在原材料、技术和市场上集体行动带来的收益，家庭农场也会加入合作社。一些家庭农场也存在欺骗行为，他们使用雇工而不是家庭劳动力，而且政府对此不容易识别或者说识别成本太高。这种政策错误会损害真正的家庭农场利益。

苏保忠：关于农民合作社的作用，在学术界有很大争论，您能谈谈这争论的起因吗？

黄祖辉：部分发达国家的历史经验证明了农民合作社的重要性。在欧洲，超过 50% 的农产品的生产和销售是通过合作社。比如，在许多欧洲国家的乳品市场中，合作社的份额超过 50%。在美国市场上超过 80% 的牛奶是由合作社销售的。在新西兰，超过 99% 的乳制品市场份额由合作社占据。

既然如此重要，为什么仍然存在争论？根源就在于中国的合作社与西方

专题五　农业组织和农民合作社的作用：过去和未来

国家的合作社存在着本质区别。第一，自从合作社产生以来，国内外学者就对合作社的"真"和"假"展开争论。控制权和收入所有权掌握在少数人手中，而不是所有成员。大多数成员从事农业生产活动而很少参与融资或决策制定。这种独有特征脱离了传统合作社的参与者所有和参与者控制原则，容易引起争论。

苏保忠：那争论的焦点集中在哪里？

黄祖辉：争论的焦点集中在两方面：第一，中国的合作社以小规模和地方性为特征。2017 年合作社平均规模为 58 人，远远小于西方国家的区域性或全国性的合作社。社员也大部分来自于当地或临近农村。这引起了关于合作社市场竞争力的争论。第二，中国的合作社除了经济目标，通常还有其他目标。除了获取更多收益，许多合作社还提供技术培训和市场信息等方面的服务，也会代表社员与政府谈判、解决温饱问题以及劳动力老龄化问题。这种多重目标引起了关于合作社市场有效性的争论。

苏保忠：农民合作社与农业龙头企业、家庭农场的关系如何？它在农业组织体系中处于什么地位呢？

黄祖辉：随着劳动力不断分化及专业化需求增加，小规模农户和家庭农场都在寻求外部服务以提高农产品质量。合作社与农民的关系更加稳定、紧密，因为农民拥有所有权和收益权。农业企业也可以加入合作社以获得稳定的农产品供给并执行质量标准。根据《中华人民共和国农民专业合作社法》，农业企业所能拥有的合作社股份最高不超过 20%。

尽管农业龙头企业也处于主要地位，家庭农场发展也很迅速，但两者在农业组织体系中的重要性均不及农民合作社。第一，农业龙头企业和小规模农户的契约不稳定，如果合作社内部的小规模农户行动一致，他们的契约关系将更稳定。虽然农业龙头企业在资本和市场专业性上更具优势，但是合作社能通过技术培训和标准化生产更好地将农民组织起来。第二，家庭农场在

市场上仍不具优势，而且也会通过加入合作社获取各种服务。农产品生产特点，比如高生产风险和不可贮存性导致农民在市场竞争中处于劣势。第三，农民合作社由农民自发组织，并占据主导地位，在未来农业生产中也会占据主导地位。合作社为农民提供了各种经济性和非经济性服务，包括技术培训、市场信息提供、加工销售、信贷、基础设施建设及各种休闲活动。

农民合作社能将家庭经营、合作经营、企业经营及协同关系有机地结合起来，因此农民合作社在中国的农业组织中处于核心地位。当然，现代农业组织体系的建立还有很长的路要走。

苏保忠：对于确保整个农业组织体系的良好发展，您有哪些建议？

黄祖辉：要确保农业组织体系的良好发展，需要注意以下三点：第一，新型现代农业经营主体和农业服务体系相互促进，共同发展。农民合作社需要其他持股人提供服务，包括政府和下游加工厂商，同时也需要为社员提供服务。所以，农民合作社的正常发展和竞争力改善的前提条件是服务需求和供给的均衡。

第二，注意外包和内消的选择。服务市场化和非市场化的平衡取决于相对成本。农民合作社应通过内部消化和外包服务的合理选择来实现成本最小化。

第三，在不同地区、产业和农业组织之间，政府要注意公共服务和扶持政策的公平和效率。建立公共服务和扶持政策的绩效评价体系很重要，农民利益应放在评价体系中。

苏保忠：除了上述注意事项，在新的环境和形势下，我国农业组织体系发展面临的新挑战是什么？

黄祖辉：新挑战主要包括三个方面：第一，供给侧劳动力的减少。由于城镇化和老龄化，从事农业生产的劳动力急剧下降。2015年中国城镇化率为56.1%。而从农村流向城市的劳动力大多数属于"精英"劳动力，他们拥

专题五　农业组织和农民合作社的作用：过去和未来

有较高的教育和能力水平，而留在农村的劳动力多以妇女和老人为主，他们几乎不会运用新技术。农业劳动力减少给中国农业可持续发展带来了一系列挑战。

第二，消费者对多样化和高质量农产品的需求增加。消费者对产品多样化和口味差异化的需求逐渐增加。他们不仅关注产品质量和生产过程，也更注重个性化服务和便利性。食品安全事件频繁发生也提高了消费者的食品安全意识和认知。农民需要在品牌和认证的基础上生产更多的安全、高质量的农产品，比如绿色有机产品。随着收入水平提高，食物需求也变得多样化。

第三，信息化和电子商务的迅速发展。农业电子商务在减少交易成本、提高经济效益、扩大目标市场和促进服务业发展方面具有一定的优势，因此 2010 年开始，农业电子商务快速发展。电子商务的发展使农产品销售突破了地域限制，农民可以将产品卖到全国各地乃至海外。一些电商企业也将目光指向农村市场，比如阿里巴巴、京东和苏宁。在未来的 3～5 年内，阿里巴巴计划投资 100 亿人民币用于建立 1 000 个乡镇级电商经营中心和 100 000 个村级服务点。京东也在积极扩大农村电商覆盖范围。苏宁也计划在未来 5 年内建立超过 10 000 个农村购买服务中心。据统计，2015 年经过电子商务销售的农产品总额为 1 500 亿元，预计 2020 年的销售额将达到 8 000 亿元。经过政府和企业的不懈努力，农村基础设施建设大大改善，互联网普及速度非常快。从需求方面看，网上购物越来越普遍，说明农业电子商务的市场潜能正持续扩大。

苏保忠：为应对新挑战，确保农业组织体系良好发展，政府应该怎么做？

黄祖辉：在我看来，农业供给侧改革和三产融合是应对的有效策略。2015 年中央农村工作会议首次提出农业供给侧改革，2016 年中央 1 号文件以农业供给侧结构性改革为主题。改革的主要目标为去库存、减成本、补短板。改革的关键点在于生产结构调整和供给侧制度创新。不仅生产结构，而且生产制度和市场都在积极调整，以优化农业生产和市场。为促进农业供给侧结构性改革，2017 年中央 1 号文件重点强调三个"激活"：激活市场、激活主体和激活要素。核心是市场激活，减少政府干预，否则其他两个激活无从谈起。

苏保忠：什么是三产融合战略呢？农业供给侧改革背后的原因又是什么？

黄祖辉：由于全球化和利润空间的缩小，农业供给链的竞争越发激烈，从而导致对规模化生产和纵向一体化的需求越来越大。为了提高农业生产附加值和农业内部剩余价值，国家实施了一、二、三产业融合战略。产业融合就是指横向的产业融合，纵向的生产阶段融合。融合的形式有多种，主要是横向融合，比如粮食生产和畜牧养殖融合。最广泛的是农业生产与相关产业的融合，包括休闲、旅游、文化等，即发挥农业的多功能。

农业供给侧结构性改革的背后原因有必要重点强调一下。第一，我国农业产出、进口和储存均呈增加趋势。粮食产量从 2003 年的 4 304 亿千克增加到 2015 年的 6 215 亿千克，而每年的粮食需求大约在 6 400 亿～6 450 亿千克，因此还有 250 多亿千克的缺口。但是在 2015 年，我国粮食进口总量接近 1 250 亿千克，导致大量库存。第二，原材料、土地和劳动力价格的持续上涨使农业收益持续降低，农民也不愿从事农业生产。国家为了鼓励农民种粮，实行了价格补贴政策，但是这造成了严重的价格扭曲，从而使国家竞争力下降，最终导致进口和库存同时增加。

苏保忠：您觉得农民应如何应对这些新挑战呢？

黄祖辉：面对复杂多变的环境和挑战，在政府的帮助和指导下，农民也可以有效应对。第一，新农人的出现。新农人是指从事农产品生产与销售的、有较高教育水平、现代生产技术和管理才能的新型农民。新农人的收入主要来自农产品生产和销售。目前，中国有超过 100 万的新农人。信息不对称和无法有效接近市场是传统农民面临的两个主要困难。但是，新农人可以直接与消费者交易。他们运用先进的技术和科学的管理能力，并依靠网络寻找市场商机。新农人重点关注品牌建立和价值增加，也包括消费者感受和反馈。

另外，他们会紧盯最新的生产技术和市场，并实时了解最新进展。许多的新农人也开起了微店和淘宝店来销售其产品。新农人既可以独自经营，也会建立合作社或企业。

第二，农业产业化联合体的建立。前面提到，各种农业组织均发挥着重要作用，但是农业组织之间、上下游厂商之间和产业之间的有效合作仍然不足。另外，金融资本的缺乏限制了土地流转和高产值农产品的投资。农业产业化联合体通常由农业龙头企业发起，参与者至少包括一个农民合作社和五个家庭农场。这不是一个合法的实体，也不需要正式注册。但是农业龙头企业和上游的合作社以及家庭农场的正式合约是必要的。各个参与组织都需要签字，并成立董事会，共同承担责任和义务。农业龙头企业和家庭农场签订生产计划和产品质量标准合约。农业龙头企业以优惠价格将原材料卖给家庭农场，再以保护价格从家庭农场购买农产品，家庭农场持续地向农业龙头企业提供高质量农产品。合作社为农民提供生产技术、土地流转和资本互借等方面的服务，同时也协助农业龙头企业监督农产品质量。总之，农业产业化联合体是一种改进形式的农业契约，它通过更好的监督机制和收益分配机制将农业龙头企业和个体农民联系起来。

第三，传统农民可以尝试通过集体行动来进一步参与现代农业生产实践。如果没有传统农民的参与，现代农业组织也不可能成为有效的现代组织形式，因为小农经营模式已存在太长时期。传统农民获得农产品附加值的一个有效方法是成立土地股份合作社。农民虽然没有太多资本，但是他们有地，将土地当作资本要素加以充分利用并从中获取收益很重要。

苏保忠：下面是最后一个问题，关于完善我国农业组织体系建设，您有何建议？

黄祖辉：可以从以下几方面考虑：第一，农业组织仍需要多样化，比如多样的农民合作社形式、产业联合体等。农民数量庞大，且差异较大，这就需要发展多种形式的农业组织。法律及相关细则，还有政府支持等方面，都

应该允许农业组织多样化。

第二，农业仍需要更多的社会资本进入，并通过诸如农业龙头企业和合作社等农业组织引入更多资本。不断增加的农产品质量需求导致农业生产也需要更多投资。由于边际回报递减，需要提高农业生产效率，也就是生产设备和装备的资本投资。

第三，必须将农业组织的数量增长转化为质量改善。2000年以来，我国农业组织数量虽火速增加，但是与西方国家相比，竞争力不足。因此，需要尽快提高合作社和家庭农场的市场竞争力。

第四，尽管新农人和各种农业组织发展迅速，但是传统农民与现代农业的有效衔接非常重要。通过合作社的集体行动能使各方都满意，这在一定程度上决定了农民合作社在农业组织中的核心地位。

第五，国家和地方政府的指导和扶持，对于发展方向的把握和资源的合理分配有重要影响。为促进农业组织体系的良好发展，政府可以进行适当引导，同时避免过多支持新农人对传统农民造成的负面影响。

专题六

中国农业与农村的公共投资回报

樊胜根 1962 年生人。现任美国国际食物政策研究所（IFPRI）所长，中国农业科学院一级岗位杰出人才、国际农业与农村发展研究中心（ICARD）主任、博士生导师。长期从事发展中国家的农业发展战略，特别是农业公共投资和公共政策领域的研究，在中国农业科研体系、农业生产率测度以及测算制度改革和技术进步在农业生产中的作用等方面进行过大量深入而有价值的研究。出版专著 20 余部，发表论文和研究报告 100 多篇。曾荣获多米尼亚共和国农业部和联合国粮农组织颁发的奖章，美国明尼苏达大学应用经济系"杰出校友奖"和明尼苏达大学"杰出领导人奖"，世界粮食计划署"反饥饿英雄奖"以及复旦管理学杰出贡献奖。

1．改革开放以来，中国在减贫、减少饥饿和营养不良上取得了重大成就。这些重大成就，得益于国家在农业领域和农村地区的公共投资，特别是在农业研发、农村教育和农村基础设施三个领域的公共投资。其中，农村基础设施投资是农村发展的关键。

2．在农业GDP、减贫、农村GDP、非农业GDP方面，公共投资均得到了良好的回报，且对区域不平等产生了影响。其中，教育投资在减贫、非农业GDP和农村GDP方面获得的回报最大，而农业研发投资则在农业GDP方面的回报最大，农村基础设施通过促进农业和非农业生产活动增加，减贫回报显著。

3．不同区域的公共投资回报有显著不同，这在一定程度上也导致了我国东部沿海和中西部地区的区域不平等。

4．在条件较差的地区进行战略性公共投资，有利于降低区域不平等。增加西部地区的各类额外投资，包括研发、道路、教育、电力、电话及灌溉，也将有利于减少区域不平等。

5．当前中国面临着食物安全与营养新挑战，为应对各种新挑战，重新评估农业和农村发展的公共投资回报至关重要，同时建立一个用于收集关于农业和农村发展的公共投资的大数据系统。对农业研发和创新的继续支持，将是应对未来新挑战的关键。

改革开放以来，虽然我国的经济和社会都发生了重大变化，但是，农业在我国国民经济中的基础性地位没有变；中国的农村也经历了翻天覆地的变化，但农村的贫困、饥饿和营养不良等难题依然存在，农村仍然是全面建成小康社会的短板这一事实也没有改变。有鉴于此，促进农业与农村的繁荣与快速发展至关重要。

从经济学角度讲，农业的增长有赖于生产要素投入的增加和农村基础设施的完善。从政策实践看，改革开放以来，中央政府对农业和农村的公共投资一直都很重视，农业与农村公共投资水平也在不断提高。特别是建设社会主义新农村的重大历史任务提出后，中央政府对农业和农村的公共投资更是得到进一步的加强。

那么，改革开放以来公共投资对中国农业和农村的经济增长到底有没有帮助？它在农村减贫方面的效果又是如何？对这些问题的回答，不仅关系到政府能否在 WTO 框架下更好地对农业与农村提供财政支持，还关系到政府能否在未来农业与农村公共投资中确定合理的优先序。

樊胜根博士作为首位在国际农业研究磋商组织（CGIAR）研究中心担任所长的中国学者，他对包括公共投资和减贫等问题在内的发展中国家的农业发展战略问题有较为深入的研究。在改革开放 40 年之际，带着上述问题，我利用工作访问的机会，采访了樊胜根博士。

（苏保忠）

苏保忠：樊博士，您好！贫困、饥饿和营养不良问题是世界上许多国家都面临的难题。您作为国际食物研究所的所长，能否给我们谈一下改革开放以来我国在减少贫困、饥饿和营养不良方面所取得的成就？

樊胜根：改革开放以来，中国在减贫、减少饥饿和营养不良方面确实取得了令人瞩目的成就。主要体现在三个方面：一是营养不良患病率大幅下降。1990—1992年、2014—2016年，中国的营养不良患病率从24%下降到9.6%，且儿童（5岁以下）发育不良的患病率也从32.3%下降到9.4%。二是贫困水平大幅下降，如果以国际人均每天1.90美元为贫困标准，贫困线以下人口的比例到2013年仅占不到2%，而这一比例在1990年还高达60%多。三是人均GDP大幅增长。1990—2016年，人均GDP从318美元增长到8 123美元。

苏保忠：您认为取得这些成就的主要原因是什么？

樊胜根：我认为主要原因在于国家对市场主导的经济体制进行了有效的宏观经济改革；同时，农业增长也发挥了重要的作用。

苏保忠：当前我们还面临哪些问题？

樊胜根：当前仍面临着一些严峻的问题，特别是营养不良和营养过剩并存。我国仍有近1.35亿人营养不良，超过700万的儿童（5岁以下）发育不良。同时，有500多万的5岁以下超重儿童和近9 000万的肥胖成年人。此外，20世纪80年代至今，城乡收入不平等程度不断增加。因此，中国在减贫、营养问题等方面仍然任重道远。

苏保忠：改革开放以来，我国的公共投资主要集中在哪些领域？

樊胜根：主要集中在农业研发、农村教育和农村基础设施建设，这三个领域的投资的成效也非常明显。

苏保忠：农业研发投资经历了一个怎样的变化过程？取得的成效主要体现在哪些方面？

樊胜根：农业研发投资在 20 世纪 60 年代增长幅度相对较小，在 70 年代稳步增长，但是到 80 年代开始减速。到 90 年代，随着政府运用科学技术着力促进粮食生产，研发投资开始增加。2004 年前，研发投资增长缓慢；但在 2005 年之后，投资开始大幅增长。2007 年，中国农业研发投资的强度虽然仅为世界平均水平的一半，但已接近发展中国家的平均水平。

投资成效主要体现在农业生产率的提高，从而增加农民工资，促进贫困和饥饿减少。其次是，农业研究组织的发展，中国的农业研究组织在过去的几十年里迅速发展，至今已成为全球最大的公共研究组织之一。

苏保忠：农村教育投资情况如何？

樊胜根：教育是经济增长的推动力，它通过提高工资水平、增加非农就业、促进劳动力转移以及提高劳动生产率，改善营养摄入状况。自改革开放以来，中国实行了 9 年义务教育制度，并于 1986 年通过《中华人民共和国教育法》正式颁布。从 90 年代末开始，农村教育投资持续大幅增加。农村教育投资使农村人口文盲率大幅下降。这也意味着劳动力质量得到显著改善，农民运用现代农业技术、从事非农活动的能力不断提高。

苏保忠：相比农业研发投资和农村教育投资，农村基础设施投资又经历了一个怎样的发展历程？主要作用是什么？

樊胜根：尽管政府前期对农村基础设施投资的增长幅度有限，农村基础设施投资仍然是农村发展的关键。1953—1976 年，是政府对农村道路的投资增长最缓慢的时期；直到 1985 年，才开始增加对高质量道路建设的投资。我国农村道路的质量普遍较低，低质量道路约占中国道路总长度的 70%。相比之下，政府更重视农村地区的快速电气化，对电力的投资增加了约 90 倍。同样，20 世纪 80 年代以后，通信投资也显著增加，出现了一个大规模投资

增长期。而且，通过公共和私人投资的共同努力，农村电话支出也得到了显著增加。此外，中华人民共和国成立不久后，在所有基础设施领域中，农业灌溉公共投资是优先考虑的。得益于投资优先性和人民公社制度，1 000 多万公顷的土地得到灌溉。1976—1990 年，投资增加幅度不大，但从 90 年代开始，对灌溉的公共投资一直处于适度增长状态。

农村基础设施投资，如道路、电力和通信等，可以提高农业生产率，促进农民从事非农生产活动，包括食品加工、贸易和其他行业。

苏保忠：如何衡量这三个投资领域的回报？

樊胜根：可以用农业 GDP、贫困减少、农村 GDP 和非农业 GDP 4 个指标去衡量。

苏保忠：您认为在促进农业 GDP 增长方面，哪一种投资的回报最大？

樊胜根：在增加农业 GDP 方面，农业研发投资的作用最显著，其次是教育投资。

苏保忠：那在非农业 GDP 和农村 GDP 方面呢？

樊胜根：教育投资是在非农业 GDP 和农村 GDP 方面回报最大的投资。农村教育是影响农民收入的关键，而农村非农经济是农村收入的主要来源之一。农业研发投资紧随其后。

苏保忠：这种影响的优先序适用于减贫吗？

樊胜根：不一定，在增加农业 GDP 方面作用最大，不代表在减贫方面的效果就最大。在减贫方面，作用最大的投资是教育投资，其次为农业研发投资。同样的回报顺序也适用于城市贫困，不过由于食物供应量的增加和价格的下降，农业研发的影响力正在下降。

苏保忠： 您似乎都没提到农村基础设施建设投资？

樊胜根： 农村基础设施建设投资在上述几个指标上的回报不能一概而论，因为农村基础设施建设投资包含诸多详细的投资项目，包括道路投资、电力投资、电话投资和灌溉投资。

苏保忠： 这些细分投资的回报是怎样的情况？

樊胜根： 农村电话在农村 GDP、农业 GDP 和减贫方面均获得了较高的回报，而电力投资的回报较低。道路投资在减贫和经济增长方面获得的回报最大。如果再将道路细分为较低等级道路、较高等级道路和高等级道路，较低等级道路比较高等级道路的投资回报更大，包括 GDP、城市 GDP 及农村非农 GDP；高等级道路投资对农业 GDP 的影响不显著，而对低等级公路的投资回报则比高等级道路高出两倍多；相较于高等级道路，低等级道路使更多的农村和城市贫困人口脱贫进程加快。灌溉投资在减贫和农业 GDP 方面获得的回报较低，主要原因在于灌溉只有通过提高农业生产率，才能达到减贫的效果。总之，农村基础设施投资通过促进农业和非农业生产活动增加，取得了显著的减贫回报。

苏保忠： 各区域投资程度不同，投资回报差异也很大？具体体现在哪些地方？

樊胜根： 沿海地区是投资政策的最大受益者。由于基础设施条件及科技水平的差异，沿海地区的农业生产率高于西部地区。对于公共投资回报的区域差异，在西部地区，大多数投资在农业增长和减贫方面均获得了最大回报。在农业 GDP 回报方面，西部地区的农业研发投资是沿海地区的近两倍。从农业研发支出的减贫效果看，西部地区的脱贫人数是沿海地区的近 8 倍，这与教育投资的作用一致。另一方面，与中西部地区相比，沿海地区在农村非农 GDP 方面获得的回报最大。

苏保忠：从公共投资自身出发，该如何降低这种区域不平等？

樊胜根：在条件较差的地区进行战略性公共投资，将有利于降低区域不平等。增加西部地区的各类额外投资，包括研发、道路、教育、电力、电话及灌溉，也将有利于减少区域不平等。具体来说，在西部地区进行教育和研发投资是减少区域不平等的最有效措施。在最贫困的西部地区，人们主要依靠农业，几乎没有工业生产活动，因此，优先投资条件较差的地区更有利于减少贫困。

苏保忠："读史使人明智"，您觉得过去 40 年的农业农村公共投资及回报的演化进程对我们有何启示？

樊胜根：通过回顾过去我们在农村和农业公共投资的基本进程，有利于深入了解中国的战略投资领域，有利于在全球格局变化中，继续减少贫困、饥饿及营养不良。在食物安全与营养新形势下，能为政策制定者提供重要的指导意见，推进战略性投资，从而获得最大回报。

苏保忠：您提到"食物安全与营养新形势"，那当前我们主要面临哪些新形势？

樊胜根：在不断变化的全球格局中，不仅中国，世界也正面临新挑战。农业投资依然重要。气候变化和极端天气正威胁农业生产，同时农业正不断逼近环境安全的临界点。快速的城镇化将给应对饥饿和营养不良带来新挑战，尤其是不断加剧的营养失衡。城市的饮食结构正在发生变化，城市居民正转向食用更多的动物性食品、糖、盐、油脂、精制谷物和加工食品，这些都是增加代谢风险的因素，从而增加非传染性疾病风险，如超重、肥胖、高血压、高血脂等。城市化和农业集约化也加剧了食品安全问题，并加剧土壤污染。

苏保忠：面对这些新形势、新挑战，我们该如何应对呢？

樊胜根：在改革不断推进的环境下，为应对这些新挑战，重新评估农业和农村发展的公共投资回报至关重要。特别是，从 2006 年开始，中国取消农业税，并转变为直接补贴和价格干预制度。因此，我们应该进行更深入的实证分析，并根据结果，对投资的优先次序进行重新评估。通过进一步扩充建模方法，考察农业研发、灌溉和农业补贴等方面的投资对中国粮食生产、农产品价格和贸易的重要影响。同时，我国还应该建立一个用于收集关于农业和农村发展的公共投资的大数据系统。对农业研发和创新的继续支持，将是应对未来新挑战的关键。对农业研发进行投资，从而能够以较少的资源生产更多的营养，能够支持多样化食物生产技术，也能够增强营养密度，这都有助于应对气候对农业的影响。总之，农业公共投资有利于强化城乡关系，从而支持经济发展、食物安全与营养的发展。

专题七

实现可持续集约化：中国粮食生产的农业环境政策导向

张福锁　1960 年生人。现为中国农业大学资源环境与粮食安全研究中心主任、教授。中国工程院院士，教育部长江学者特聘教授、国家自然科学基金创新群体和"973"项目首席科学家。民盟中央农业委员会副主任和中国农业大学委员会主任、农业部科技委委员、教育部科技委农林学部副主任、全国测土配方施肥技术专家组组长、国家环境特约检察员和北京市人大代表。兼任国际植物营养委员会主席、中国土壤学会副理事长、常务理事等。20 世纪 90 年代以来，一直从事农业资源利用及其环境效应的基础与应用研究工作，先后主持国家自然科学基金重大项目、"973"项目和重大国际合作项目等 30 余项，取得了一系列重要成果。同时，其团队创建的"科技小院"技术创新与示范新模式，在力求打通农技推广"最后一公里的最后一米"上获得社会认可。

观点摘要 >>>

1. 改革开放以来，中国在改善粮食生产方面取得了巨大进展，极大程度上减少了世界营养不良人口的比例。在过去的几十年里，饥饿作为一个社会问题在中国已经消失，中国正在为减少全球饥饿而努力。

2. 改革开放以来中国粮食产量增长的原因，一半以上是由于化学品的使用，尤其是化肥的使用。

3. 家庭责任制和化肥价格补贴政策是粮食生产过程中化肥大量使用的重要驱动力。

4. 由于化肥管理不善造成的环境影响带来的经济损失约为中国农业国内生产总值的7%。

5. 化肥过度使用造成了一系列的环境破坏。例如，过量使用 NH_4^+ 或尿素等氮肥导致21世纪初土壤 pH 下降了0.5。此外，由于中国稻田土壤酸化导致土壤镉浓度升高，污染土壤中种植的水稻具有镉毒性。同时，氮过度使用可能导致粮食生产中的高温排放。其他环境影响如氮沉降、氮淋溶和地下水中硝酸盐浓度高，与氮过度利用直接相关。

6. 中国的粮食生产要从"高投入高产出"转变为可持续集约化，关键步骤之一是增加集约化农业中养分使用的可持续性。

7. 中国农业大学农学家开发的综合土壤—作物系统管理（ISSM），可根据植物—土壤相互作用的原理，通过增加植物密度和土壤肥力，最大限度地提高养分利用效率，并改善作物管理。

8. 中国农业大学科学家在中国不同地区开展的"科技小院"（STB），根据农民的要求向农民提供农学实践信息，没有任何费用、时间滞后、距离等方面的限制，大大地提高了技术传播效率。

农业是一个典型的生态—经济系统。无论是传统农业，还是现代农业，农业生产都是自然再生产和经济再生产的有机统一体。因此，在农业生产过程中，除了要重视经济规律，还需要重视生态规律。否则，农业生产不但不能取得理想的产量和效益，最终还会以破坏农业再生资源、降低环境质量为代价，从而破坏未来农业生产的可持续发展。

中国是一个农业大国。农业的可持续发展关系到中国农业发展的未来，也是解决中国"三农"问题的根本。要实现农业的可持续发展，需要把保护环境和提高农业资源的利用效率与满足人类需要相结合，以达到农业生态合理、发展持续的目的。

改革开放以来，中国的粮食产量连年持续增加，尤其是"十二五"期间，粮食生产实现了"十二连增"，创造了中国乃至世界粮食史上的奇迹。然而，粮食产量增加的背后也伴随着大量的资源浪费、严重的生态破坏以及环境污染。显然，这与粮食生产可持续发展的目标背道而驰。

关于粮食生产的农业环境政策问题，长期从事农业资源利用及其环境效应的基础与应用研究的中国工程学院院士、中国农业大学资源环境与粮食安全研究中心主任张福锁教授有深入、独到的见解。

那么，改革开放以来，中国粮食生产的农业环境政策经历了怎样的变迁？当前的政策还存在哪些主要问题？如何才能实现我国农业的可持续发展？带着这些问题，我如约来到张福锁教授的办公室，并对他进行了专访。

（辛　贤）

辛贤：张老师，您好！改革开放以来，国家对农业生产的政策一直在不断地改善，中国的农业生产也一直快速发展。那么，您如何看待改革开放40年以来中国在粮食生产方面所取得的成就？

张福锁：改革开放以来，中国在改善粮食生产方面取得了巨大进展，极大程度上减少了世界营养不良人口的比例。中国的粮食产量从1978年的不足3亿吨增加到2015年的6.21亿吨。1978年后，中国已超过美国成为世界上最大的粮食生产国。同时，人均粮食从1978年的不足300千克增加到2015年的400千克。在过去的几十年里，饥饿作为一个社会问题在中国已经消失，中国在为减少全球饥饿而努力。粮食产量的增长提高了农民的收入，并大幅度减少了中国的贫困。因此，到2015年，中国已经成为第一个实现减少饥饿的千年发展目标的国家。

辛贤："十二五"期间，我国的粮食生产实现了"十二连增"，创造了中国乃至世界粮食史上的奇迹。您认为粮食产量持续增加的原因是什么？

张福锁：中国粮食产量增长的原因，一半以上是由于化学品的使用，尤其是化肥的使用。1978—2016年，粮食产量随着化肥的使用而增加。1978—1996年，情况更加明显，化肥消费量占粮食产量的80%。土壤营养不足是低产的原因。20世纪80年代，中国主要农田表层土壤有机碳平均含量为11.9克／千克，土壤有效磷含量为7.4克／千克，远低于高产作物生长的临界土壤养分水平。当时农田中的氮和磷等养分消耗非常普遍。

20世纪80年代，化肥被广泛使用，并被认为是增加土壤肥力和提高作物产量的灵丹妙药。到21世纪初，土壤肥力大大增加。由于化肥的使用，农田的土壤有机碳增加10%，土壤有效磷从20世纪80年代的7.4克／千克增加到21世纪初的20.7克／千克。据估计，中国农田土壤有机质含量增加1%，将导致谷物产量增加0.4吨／公顷，产量变异性下降3.5%。同时，由于施用化肥，固体土壤生产力有所提高。在华南的水稻中，土生生物生产力在21世纪初从1吨／公顷增加到3吨／公顷。

专题七　实现可持续集约化：中国粮食生产的农业环境政策导向

辛贤：化肥在粮食生产中大量使用的驱动力是什么？

张福锁：20 世纪 80 年代化肥的广泛使用是由许多因素造成的，其中政府发布的粮食生产政策是最重要的因素之一。首先，中国政府于 1978 年废除了公共农业体系，该体系基于国家政策管理所有耕地。政府将土地承包给了农民，这种政策被称为"家庭责任制"。这种方法大大提高了农民增加土壤肥力以增加粮食产量的积极性。其次，中国政府实施了一系列化肥补贴政策，使得农民能够负担得起。自 20 世纪 80 年代以来，化肥工业从制造到市场，农民对化肥产品的承受能力和可获得性都受到政府干预的补贴或价格控制的影响。90 年代国内尿素价格仅为每吨 109 美元，低于美国。

此外，政府取消了国家对粮食购销的垄断，允许农民在市场上出售多余的粮食。同时，1985 年，国家"粮袋计划"提出了谷物的收购价。这项政策刺激了农民在粮食生产方面的创造性和热情。此外，2004 年，农业税从 2003 年的 392 亿元人民币降至 13 亿元人民币，并于 2006 年在全国范围内完全取消农业税。在消除农业税的同时，中国政府开始为农民提供"粮食补贴""投入补贴""良种补贴""农机补贴"四类补贴，提高农民粮食生产能力。2004 年，国家投入 116 亿元用于直接补贴粮食生产者。2005—2007 年，这一补贴逐渐增加到人民币 132 亿、142 亿和 151 亿元。中国的粮食生产在过去四十年里迅速增长。

辛贤：化肥的使用确实带来了粮食生产能力的提高，但我们都知道，过量使用化肥会导致土壤性状恶化、环境污染等一系列问题。您认为由于化肥过量使用，中国粮食产量增加背后的资源环境成本有多大？

张福锁：1978 年以来，中国粮食生产的进步是以资源和环境为代价的。粮食增产，一半以上可归因于化肥的使用。1978—2015 年，中国粮食产量翻番的同时，化肥使用量增加了 5 倍。这种趋势与欧盟、美国等发达组织或国家的情况形成鲜明对比，这些国家粮食生产增加，而化肥消费量近几十年来急剧下降。中国主要农田地区过度施肥相当普遍。例如，在华北平原的小麦—玉米种植系统中，作物生长对氮的需求量为 180 千克／公顷，而农民向其土地施用氮肥高达 588 千克／公顷，留下 227 千克／公顷氮在土壤中。在中国，21 世纪初氮过度使用量约 200 千克／公顷。

由于化肥管理不善导致施肥过度，养分回收效率低，粮食生产环境成本高。与 20 世纪 80 年代相比，中国主要农田氮素回收效率在 2000 年下降到不到 30%，温室气体排放量增加了 3 倍。相反，在日本、西欧以及北美等发达国家和地区，自 20 世纪 80 年代以来，氮的回收效率稳步提高。过度使用已经在中国造成了一系列的环境破坏。例如，过量使用 NH_4^+ 或尿素等氮肥导致 21 世纪初土壤 pH 下降了 0.5。此外，由于中国稻田土壤酸化导致土壤镉浓度升高，污染土壤中种植的水稻具有镉毒性。同时，氮过度使用可能导致粮食生产中的高温排放。与中国小麦生产中的最佳氮肥使用量相比，由于氮肥使用量超过 30%，温室气体排放量增加了 50%。其他环境影响如氮沉降、氮淋溶和地下水中硝酸盐浓度高，与氮过度利用直接相关。根据相关调查，来自农业的 57% 的氮和的 69% 的磷进入河道。由于化肥管理不善造成的环境影响带来的经济损失约为中国农业国内生产总值的 7%。

辛贤：那么，农田过度施肥的主要原因是什么呢？

张福锁：农田过度施肥的主要原因是缺乏养分管理意识和不适当的政策指导方针。在中国大部分农村地区，参与农业生产的农民并未参加培训，他们并没有意识到养分管理的重要性。在某些地区，一些农民并不知道应施用多少氮肥来提高产量。因此，尽管化肥投入的经济回报非常低，但为了保险，他们通常使用更多的氮肥。由于大量补贴，高产量和低化肥价格的存在，中国农田过度施肥成为常见现象。21 世纪初，中国生产了的食物已足够养活其庞大的人口。因此，中国政府为粮食生产环境保护提供强有力的政策激励迫在眉睫。

专题七　实现可持续集约化：中国粮食生产的农业环境政策导向

辛贤： 既然已经意识到农业污染问题，我们应该采取什么方法满足日益增长的食品需求，同时又不损害环境的完整性？换句话说，我们应该采取怎样的粮食生产模式以降低环境成本？

张福锁：中国的粮食生产要从"高投入高产出"转变为可持续集约化，关键步骤之一是增加集约化农业中养分使用的可持续性。2004 年以来，开发了一系列养分管理的创新技术，以提高中国粮食生产中的养分利用效率。这些技术和政策的重点是利用所有可能的方法最大限度地提高农业产量，同时遏制或扭转化肥使用的增长。

传统的养分管理策略往往将耕地的一系列生物化学养分循环过程视为"黑箱"。20 世纪 80 年代以来，产量对肥料剂量的反应曲线已被广泛应用。采用这种方法，土壤养分供应和作物养分需求在很大程度上被忽略了。因此，这种方法已经在农田中产生了大量的养分积累。例如，华北平原小麦—玉米作物系统土壤硝态氮累积量超过 200 千克／公顷。对于磷而言，由于 20 世纪 90 年代以来的磷积累，表土中的土壤 Olsen-P 在 21 世纪初约为 20.7 毫克／千克，接近环境风险水平。农田的磷累积量可能会达到 2050 年非洲所需磷的一半。

2005 年，测土配方施肥 (Soil-Testing and Fertilizer-Recommendations, STFR) 得到了政府的大力支持。STFR 在没有任何产量损失的情况下，使氮肥使用率降低了 50%，氮吸收率增加了 100%。同样，通过保持根区中最佳的土壤磷浓度，可以节省一半以上的磷肥。STFR 的成功，可归因于养分供应和作物需求在时间和空间上的同步。到 2012 年，中国三分之二的农民受益于养分管理技术，包括土壤测试、优化肥料设计以及向农民推荐推荐肥料。据估计，如果 STFR 技术在全国范围内实施，到 2030 年将减少一半的化肥量，同时减少 30% 的温室气体排放。

STFR 于 2005 年由中国农业部发起。政府也通过制定国家政策和一系列补贴鼓励农民采用 STFR。中国政府承诺提供 7 000 亿元人民币的补贴，为 1.9 亿农户提供土壤测试配方施肥技术服务，覆盖 8 000 万公顷耕地。

2015 年，农业部宣布了"零增长行动计划"。该计划要求 2015—2019 年，在不造成产量损失的情况下，化学肥料使用总量的年增长率不高于 1%，并且从 2020 年开始不再增加。这些政策和补贴使成本效益更高：农民田间地块的成本降低，收入增加。

除了优化养分投入的政策，扩大粮食生产规模也可以减少对环境的影响。2008 年，农业部启动万亩高产示范区项目。2015 年，政府投资 20 亿元建设高产示范区。这笔资金使项目从粮食主产区的几个试点项目扩大到中国其他地区。政策产生了巨大影响：2008—2015 年，谷物产量稳步上升，从 4.3 吨／公顷增加到 5.9 吨／公顷。

此外，2005 年以来，农业环境问题已被纳入农业政策议程。2005 年中央 1 号文件明确提出，要提高农业生产力，提高土壤肥力和环境质量。具体的政策措施包括：实施土壤测试和施肥建议，促进粪肥的使用，以增强土壤有机质。2006 年中央 1 号文件中，为了鼓励农民发展可持续农业，国家增加了 STFR 和土壤有机物试点项目的补贴。

2008 年，中央政府承诺拨款 8 000 万元，启动"土壤有机质增强工程"项目，支持农户将农作物残留，绿肥和肥料返还田间，提高土壤肥力。2015 年，该项目更名为"耕地保护和质量改善项目"，补贴金额高达 8 亿元。预计到 2020 年，80% 的有机肥将被回收再利用。

凭借创新技术和强有力的政策支持，中国粮食生产呈现积极变化的迹象。例如，谷物产量从 2006 年的 4.98 亿吨增加到 2015 年的 6.21 亿吨，增长了 25%，而化学氮消耗只增加了 15%。氮回收效率从 28% 增加到 35%。中国粮食产量的增加，表明从数量驱动的高资源依赖型粗放型发展模式转变为可持续的集约化模式。

辛贤：为了加快粮食生产方式的转变，您觉得今后政府的政策应指向何方？

张福锁：自 1978 年改革开放以来，中国粮食生产已经实现自给自足，并为全球粮食安全作出了重大贡献。更重要的是，中国的粮食生产正从高投入和高产出模式转变为高产高效模式。但与欧美等发达组织或国家相比，中国粮食生产的可持续性远未达到 2015 年联合国发布的可持续发展目标。例如，中国的粮食产量仅为产量潜力的 60%，2015 年的氮回收效率低至 35%。为了提高中国粮食生产的可持续性，2030 年谷物产量必须达到 80% 的产量潜力，而农田的氮素回收效率必须提高到 60%。这就需要政府制定农业环境政策，发展可持续的农业体系，以实现粮食生产、营养使用效率和环境保护等多重目标。政策的制定包括两个方向：第一，开发创新技术以实现"低投高产"目标，确保粮食安全和环境可持续性；第二，在社会经济背景下整合营养管理战略知识，以实现数百万农民的可持续集约化。

辛贤：目前有没有什么技术可以实现"低投高产"目标？

张福锁：预计到 2030 年，中国人口将稳定下来。中国小麦、玉米和水稻产量的需求总量将达到 6.58 亿吨左右，但 2012 年的总产量仅为 5.31 亿吨。为了满足对粮食的需求，在不扩张耕地面积的情况下，估计粮食产量应该每年增加 4%。未来几十年需要在作物生产和环境科学方面取得更大进展，以确保粮食生产大幅增加，同时限制环境退化。我们迫切需要开展植物科学、农学和农业生态学的多学科研究，以提高作物产量，同时尽量减少养分投入并减少中国粮食生产的环境成本。

现有的知识和技术在一定程度上可以实现这些目标。例如，中国农业大学农学家于 2006 年开发的综合土壤—作物系统管理（Integrated Soil-crop System Management，ISSM）。ISSM 的目标是根据植物—土壤相互作用的原理，通过增加植物密度和土壤肥力，最大限度地提高养分利用效率，并改善作物管理。这种方法最大限度地利用太阳辐射和有利温度的生物潜力，保证作物对氮的需求与其来自所有可能来源的供应在时间和空间上同步。

在过去几年中，ISSM 已被广泛使用。2006—2010 年，华北平原 66 块土地的植物密度提高，玉米产量增加了一倍而化肥使用量未增加。同样，对中国不同生态区的 153 块玉米、稻谷和小麦的进一步研究表明，与传统耕作方式类似，化肥施用可以造成 1.3 吨／公顷、1.7 吨／公顷和 3.7 吨／公顷的产量差距。经过 ISSM 培训的农民，可以多生产 20% 以上的玉米。在华北平原典型的农业县衢州，自 2009 年以来，由于在全县应用 ISSM，粮食产量提高了 20%，温室气体排放显著减少。据估计，如果到 2030 年通过 ISSM 将粮食产量提高 80%，中国可以为大量人口生产足够的粮食，而不增加耕地。同时，ISSM 预测氮回收效率将超过 60%。

另外，随着生活水平的提高，人们对动物源性食品的需求也在增加。动物源性食品生产对环境的影响不能忽视。与欧盟和美国相比，中国只有三分之一的粪便被回收到农田中，高达 74% 的粪肥全部排入空气或水体。如果使用得当，在 2020 年可以减少超过一半的化肥和温室气体排放量。平衡农田和牲畜的发展，是中国农业可持续发展的关键一步。然而，中国有效使用粪肥的技术目前还不如欧盟和美国。

这些结果，揭示了通过开发创新技术来实现"低投高产"目标，以确保粮食安全和环境可持续性的可能性和潜力。然而，要实现大规模的目标还有很长的路要走，要把中国的所有粮食生产从高投入和高产出模式转变为可持续集约化。为了在区域层面应用这些技术，需要技术创新，但也有必要将自然科学知识纳入到社会和经济背景中。

辛贤：面对农民很少有机会接触到这些新技术，且不愿意去尝试的现状，要想实现高效的技术传播，您有什么建议？

张福锁：技术传播是将新技术转化为实践的关键。然而，在中国，将知识从政府、研究机构和学院转移到持有人的过程，面临诸多挑战。在中国，农村有 2.3 亿户小户主，平均农场面积不到 1 公顷，约为世界平均规模的小农场面积的近 40%。此外，大多数小农场主经常在城市有其他工作，他们不愿意在田地上投入太多时间，因为农场外收入很高，化肥价格低。例如，2013 年，近 5 300 万小户出租土地，占中国耕地面积的 26%。其他小户主

专题七　实现可持续集约化：中国粮食生产的农业环境政策导向

将他们的土地留给了老年人。大多数老年人没有受过良好的教育，其中许多人不能区分真假肥料，也不知道应该用多少肥料来获得最佳粮食产量。此外，大多数农民都是风险规避者：他们更愿意使用比作物需求更多的化肥。上述所有因素都是农民对技术采用率低的原因。

为了改善农村地区的技术转移，中国农业大学的科学家们于 2009 年在中国不同地区开展了科技小院（STB）。在科技小院中，根据农民的要求向农民提供农学实践信息，没有任何费用、时间滞后、距离或其他限制。农民合并成信息组并在科技小院中相互交流。采用这种方法，研究所和农场之间距离大的问题得到解决。由于技术和信息成本较低，高产和高效技术的适应性提高了 80%。与未接受培训的农民相比，接受过 ISSM 培训的农民更喜欢采用该技术，粮食产量提高了 20%。此外，在粮食产量提高的同时，粮食生产的环境成本降低了 20%，而化肥的使用量却没有增加。

2009 年以来，衢州的粮食生产和环境成本出现了积极的变化。例如，谷物产量从 2009 年的 37.6 万吨至 2015 年的 45.3 万吨，增加了 45%，氮肥用量增加 10%。在过去的几年里，氮利用效率从 20% 提高到 30%，温室气体排放量减少了 45%。科技小院提高了技术和信息的可获得性，可以为未来数百万农民提高中国粮食生产的可持续性提供新的途径。

基于中国粮食生产所面临的挑战和科技小院的经验，向农民提供教育和技术援助，是传播技术以实现小户主田间地块可持续集约化的潜在途径。在江苏和广东的一项为期 3 年的调查中获得了类似的结果：与传统的水稻生产培训相比，通过农民直接参与田间试验的强化现场指导，有效地持续减少了农民过量使用氮肥的情况。

辛贤：除教育和技术援助，还有哪些措施和政策可以提高中国粮食生产的可持续性？

张福锁：一些经济激励措施也可以提高中国粮食生产的可持续性。例如，韩国于 1999 年启动的环境友好直接支付计划为采用减少污染产品的农民提供了直接补贴。对中国而言，政府应提供基于植物—土壤相互作用原则设计的肥料补贴，以鼓励农民优化养分投入。各种形式的农业环境政策应该共同促进中国粮食生产的可持续性。

对于中国政府来说，应将环境政策纳入农业政策，以便在社会经济背景下推广 ISSM 等高收益和高效率技术。为了实现中国数百万小户的可持续集约化，必须改善政府部门间的协调。在这方面，中国应该从丹麦学到一些东西。例如，为了减少农田的氮盈余，丹麦环境部门实施了有机肥最低氮利用的法定规范；同时，丹麦对税收体系进行了修改，允许投资建设新的更环保的住房和粪肥系统。

另外，与 2000 年前提高粮食产量的技术相比，采用 ISSM 的"低投高产"战略是知识密集型的，必须辅以技术转移的投资和创新。政府应鼓励农民采用推荐技术，在国家层面引入粮食生产可持续性政策。同时，要根据养分供应与作物需求同步的原则，采取一些具体的政策措施，如鼓励高效化肥使用，加强对农民和消费者的环境教育。例如，衢州县政府根据中央 1 号文件等宏观政策，出台了一系列鼓励农民采用高产高效技术的微观政策。

此外，应提倡发展粮食生产和畜牧生产一体化的政策。动物粪便应回收到农田中，以减轻化肥施用的压力并保护环境。这就要求政府为肥料储存、处理、运输和应用于农田的基础设施开发提供补贴，以重新利用粪便养分。此外，还应引入法定氮标准，以限制农田氮的过度使用。总体而言，与农业相关的环境政策，不仅能使生产体系转变为更具可持续性和更少破坏性的体系，而且还能维持未来农业生产环境服务的农田和景观水平的利用。

专题八

40 年来中国农村的恩格尔曲线、农民福利和食物消费

于晓华 1979 年生人。美国宾夕法尼亚州立大学农业经济学、人口学双博士。现任德国哥廷根大学库朗贫困、平等与增长研究中心和农业经济与农村发展系教授。兼任财新网和《南方都市报》专栏作家。于 2009 年起任教于德国哥廷根大学，担任副教授，并于 2014 年晋升为讲席教授。国际期刊 *Agricultural Economics* 的副主编。主要研究方向为农业经济学、发展经济学、实验经济学、环境经济学和应用计量经济学。 在 *American Journal of Agricultural Economics*，*Applied Economic Perspective and Policy*，*Food Policy*，*Journal of Integrative Agriculture*，*China Agricultural Economic Review*，*Agricultural Economics* 等国际有影响力学术期刊发表学术论文 30 多篇。

观点摘要 >>>

1．农村家庭联产承包责任制为农民提供了大量的经济激励，并且使得农业产量和农民的收入在很短的时间内得到显著提高。从那以后，农民的生活条件一直在稳步提升。

2．衡量福利变化的指标主要有三个：收入、食物消费和恩格尔系数。由于不涉及价格变动和家庭规模的信息，与收入和食品消费相比，恩格尔系数就成了能够更好地识别福利变化的方法。

3．1978 年中国实行改革开放以来，按照恩格尔系数的衡量标准，中国农民的福利经历了快速提高、略有回落和重回增长快车道的三个不同阶段。

4．近年来，中国农民福利的持续快速增加，主要得益于市场化改革的不断深化、农业保护政策和普遍的非农就业。

5．随着改革开放以来我国居民收入的不断提高，当前，我国居民食物需求已非常缺乏弹性，收入的进一步提高将不会引起食物需求的大幅增加。

6．国家统计局所报告的 CPI 数据经常被低估，中国农民的实际收入可能会被高估，因此，收入弹性和食品结构这类指标很可能无法反映农民真正的福利变化。

在现代社会，福利已成为公民的基本权利之一，而对于一个农业大国而言，中国农民的福利水平更是衡量中国现代化进程的一把重要标尺，同时，也是农业与农村经济发展的根本目的所在。

福利在本质上表现为一种良好的生存状态与生活支持系统。对于农民来讲，它是其对生活的满足程度及其必备要素的质量状况。众所周知，始于1978年的中国农村改革，给中国农业生产带来了巨大变化，农民的福利水平也得到了显著提升。然而，虽然有关农民福利水平的规范测度研究文献颇多，但学术界以及政策制定者并未就此形成一致的观点，而有关对收入、食物消费和恩格尔系数等测量农民福利水平的指标，其看法更是存有明显差异。因此，弄清楚如何科学衡量农民福利水平至关重要。

有关食物消费的研究，德国哥廷根大学的于晓华教授有过较为深入的研究，尤其是在食物消费、质量变化以及营养转换的机制以及相关研究方法方面，他的研究成果已发表在国际顶尖学术期刊上，具有广泛的国际影响。

那么，改革开放40年来，中国农民的福利到底发生了怎样的变化？中国农民福利测度的方法或指标有哪些？这些测度方法又各具有什么特点？从不同视角看，中国农民福利的变化又有何不同？围绕这些基本问题，利用他来中国农业大学访问的机会，我对于晓华教授进行了专访。

（马　铃）

马铃：于老师，您好！众所周知，改革开放以来，中国农村发生了翻天覆地的变化，您认为，1978以来中国的农村主要有哪些重大制度上的创新？

于晓华：1978 年，中国开始了经济改革，从计划经济向市场经济转型。这种转变最先发生在广大的农村地区。中国政府废除了集中生产和消费的人民公社制度，实行了向农民分配土地和其他生产资源，同时允许农民自由生产和消费的家庭联产承包责任制。新的经济体制为农民提供了大量的经济激励，并且使得农业产量和农民的收入在很短的时间内得到显著提高。从那以后，农民的生活条件一直在稳步提高。

马铃：农民福利问题是农业和农村发展的根本所在，但在农民福利水平的测度上，学界的观点还有分歧。那么，您认为应该如何来衡量改革开放40 年来中国农民的福利变化？

于晓华：如何准确把握 40 年来农民的福利变化，是学术研究者和政策制定者关注的一个重要问题。衡量福利变化的指标主要有三个：收入、食物消费和恩格尔系数。其中，最简单和最直接的衡量标准是收入（或支出）。然而，由于价格的变化，收入可能无法在不同的时间和地区进行比较。虽然CPI 可以用来调整收入，但它的准确性在中国一直受到质疑。随着收入的增长，消费者经历了食品结构的变化和营养的转型，由纤维和碳水化合物主导的传统饮食习惯，逐渐被高脂肪和高蛋白的西方饮食风格所取代。超重，特别是超重的儿童，在中国越来越普遍，其概率已达到 6.6%，高于世界平均水平的 6.1%。

食品消费也是衡量福利的重要标准之一。人均食品消费往往会被低估，这是因为是家庭以外的食物消费信息难以获得，同时，家庭规模和家庭消费规模并不一致。

相比之下，由于不涉及价格变动和家庭规模的信息，恩格尔系数就成了能够更好地识别福利变化的方法。恩格尔系数为食品支出占总支出的比重。一般认为，随着收入的增加，食品支出占总支出的比例将不断下降，食品支

专题八　40 年来中国农村的恩格尔曲线、农民福利和食物消费

出的比例越低意味着越富裕。

马铃：就您提到的恩格尔曲线，能不能简要介绍一下它有哪些具体应用？

于晓华：恩格尔曲线尽管很简单，但有很多优点，被广泛用于等价尺度计算和相关的福利比较。恩格尔曲线的一些应用主要包括以下四个方面：

一是福利比较。首先，由于价格变化的影响，收入或支出无法对福利进行准确比较，而恩格尔系数作为一种比例，不会受到任何价格变化的影响。其次，当我们计算人均食品消费或人均收入（支出）以用于福利比较时，一个主要问题是家庭规模的测量误差。与收入（支出）或食品消费相比，恩格尔系数是衡量家庭福利的更可靠指标。

二是需求分析。主要是考虑到不同的设定，并对需求特性加以限制，我们可以推出不同的需求系统。AIDS 模型和 QUAIDS 是在实证需求分析应用中最受欢迎的两个需求系统。用 Meta 对中国的需求文献进行分析发现，随着收入的增加，收入弹性和自身的价格弹性都在下降。

三是 CPI 计算。CPI 是衡量生活成本和实际价格变化的重要指标。恩格尔曲线可以帮助我们计算等价尺度。

四是歧视分析。我们知道，家庭人口结构也可能导致不同的恩格尔曲线。即使家庭大小相同但不同人口结构的家庭，例如，一个家庭孩子为一个男孩和一个子女为女孩的家庭，同一恩格尔系数水平之间的收入差距可以解释为一个男孩和一个女孩之间的"价格"差，该价格差为衡量性别歧视的指标。

马铃：依据恩格尔曲线，改革开放 40 年以来我国农民福利的变化过程是怎样的？

于晓华：正如恩格尔定律所预测的那样，我国农民的总支出和食品支出在 1978 年经济改革之后迅速增长，但总支出的增长速度要远远快于食品支出，这导致恩格尔系数呈下降趋势。1978 年以前，我国农民的福利几乎没有得到改善，始终维持在相对较低的水平。在此期间，农民的恩格尔系数要高于 0.66，这意味着超过三分之二的家庭支出要花在食品消费上，而其他商品则很少，这是典型的贫困状况。

1978 年以后，农民的福利变化经历了三个阶段：第一阶段是 1978—1988 年，我国农民的恩格尔系数从 0.68 下降到 0.54。在这个阶段，家庭联产承包责任制扮演着重要的角色，一直到 1988 年制度的红利消耗殆尽。制度变迁和农产品价格提高是农业增长和农民收入增加的重要原因。人民公社制度直到 1984 年才被基本废除，这给农民带来了大量的生产自由和农业产出激励。然而，在不涉及城市经济体制改革的情况下，物价上涨是不可持续的。最终，1988 年，农民福利的改善最终结束了。

第二阶段是 1989—1995 年，农民的恩格尔系数有所增加，并在 1995年保持在非常高的水平，为 0.59。由于城市地区的经济体制没有进行改革，加之政府财政负担沉重、城市居民的经济压力以及随之而来的通货膨胀，农产品价格的上涨在 1984 年以后是不可持续的。1984 年以后，随着食品价格的上涨，中国政府开始通过提高城市工资和降低农产品的购买价格来改革城市部门。这导致了城市地区的通货膨胀，并推高了化肥等农业投入的价格。结果，"价格的剪刀差"进一步扩大，农民的净收入和福利受到了负面影响。这正是对农民恩格尔系数 1989 年之后提高的反应。在 1995 年之前，中国的粮食供应再次不足，因为低食品价格和高投入价格，使中国的粮食生产受到抑制，这一过程一直持续到 1995 年。中国政府开始再次提高粮食收购价格，增加粮食生产，以确保粮食安全。此外，1993 年，价格双轨制体系被彻底废除，中国成功地从计划经济向市场经济转型，农民可以更自由地进行生产，农产品的价值也可以更好地反映在市场上。农民的福利再次得到改善。

第三阶段是 1996 年以后，在此期间，我国农民的恩格尔系数一直在下降，福利一直在稳步增长。这是中国进一步深化经济改革的时期。特别是市场经济体制得到了人民的广泛认同，并且运行良好。同时，随着户籍制度进一步削弱，许多农民转移到城市，从事非农业活动。中国的城镇化率在 1996 年仅为 30.5%，而 2015 年上升至 56.1%。现在，有超过一半的农民收入来自他们的非农就业。2015 年，我国农村家庭人均可支配收入为 11 422 元，农业收入仅为 4 504 元，仅为总收入的 39.4%。此外，从 2004 年起，中国正式取消了农业税，并开始补贴农民。经济的快速增长和对农民保护的增强，使农民的福利得到稳定的增长。直到 1995 年，农民福利并没有得到明显改善，其恩格尔系数仍然达到 0.59。农民福利的改善主要发生在 1995 年以后。市场改革、非农就业和城市化是农民福利提高的主要驱动力。

马铃：那我们能否从收入弹性和食品结构来看中国农民的福利变化呢？

于晓华：这个问题不能一概而论。中国国家统计局所报告的 CPI 数据经常被低估，中国农民的实际收入可能会被高估，很可能无法反映他们真正的福利变化。1978 年以后，农民的收入稳步增长，名义收入和实际收入都很平稳，结构变化也不易被识别。根据测算，我国农民的收入弹性从 1978 年的 0.55 下降到 2015 年的 0.08，这意味着现在的食品需求变得非常缺乏弹性。粮食短缺不再是一个问题，而收入的进一步增加将不会显著增加中国农村的粮食需求。

食品消费结构有时也可以作为衡量福利的一种方法，特别是在价格和支出信息不可得的情况下。2000 年以前，中国农村地区人均粮食消费量保持在 250 千克以上，而到 2015 年则下降到 150.2 千克。相比之下，肉类消费则从 1978 年的 6.1 千克增加到 2015 年的 23.1 千克。随着收入的增加，消费者减少粮食消费，消费更多的肉类产品是合理的。食品消费结构的这种变化反映了农民福利的改善。

然而，根据国家统计局的数据，如果食品消费被转化为营养，肉类消费的营养增加可能无法弥补粮食消费减少所带来的营养损失。人均消费营养的数量，具体来说，卡路里、蛋白质和脂肪的消费，从食物消费和相关报告中转换。官方统计数据显示，中国农村的人均消费卡路里在 2000 年之前稳步增长，此后持续降低，这主要是由粮食消费的减少造成的。然而，这与日益增长的食品供应和肥胖率相矛盾。根据国家统计局的数据，2015 年人均消费卡路里为 2 260 千卡。如此低的卡路里是不现实的，因为它已经低于由粮农组织（FAO）计算的农民最低生活的饮食能量需求（2 780 千卡）。

人均食品消费统计数据存在重大误差。首先，国家统计局的家庭调查并没有记录家庭外的食品消费情况，总的食品消费量被低估了。第二，调查的家庭规模被作为计算人均食物消费量的分母。然而，由于非农就业人数的增加，家庭规模往往大于实际消费的家庭规模。这两个误差叠加，使得人均食品消费量被严重地低估。外面吃饭活动和家庭消费的规模通常未能得到准确的记录，因此，与恩格尔系数相比，食物消费量可能不是一个很好的衡量福利变化的指标。

马铃：您觉得是否应该在对中国农民福利变化的衡量中考虑收入分配与平等问题？

于晓华：这个问题非常好！的确，在对中国农民福利变化的衡量中，应该考虑收入分配与收入平等。我们知道，人口转型（如老龄化）在食品需求中扮演着重要的角色，这可能也适用于农民的福利变化。随着收入的增长，贫困不再是中国当前的主要问题。政府最近在实施精准扶贫，其目标是在 2020 年消除中国的贫困。然而，贫困也是一种主观的事情，如何衡量中国人民的主观幸福感和幸福感，已成为学界和政策领域的一个颇具吸引力的话题，在接下来的研究中我们将进一步全面的考察中国农民的福利变化。

专题九

改革开放 40 年来
中国农村地区的
非农就业

张林秀 1962 年生人。1995 年毕业于英国里丁大学，获农业经济学博士学位。发展中国家科学院（TWAS）院士。现任联合国环境署国际生态系统管理伙伴计划 (UNEP-IEMP) 主任、中国科学院农业政策研究中心研究员，国务院扶贫开发领导小组办公室专家委员会成员，兼任《环境杂志》(国际) 执行编委、中国软科学常务理事、中国农业技术经济学会理事和国内外多个学术期刊编委。研究方向主要是贫困与农村发展研究，着重从农户经济、农村收入分配、劳动力非农就业以及性别、农村社区治理和公共投资等方面研究着手，探讨如何解决我国农村发展中的贫困问题，最终实现农村现代化。入选中国科学院"百人计划"，为国家自然基金委"杰出青年基金""复旦管理学杰出贡献奖""社会科学杰出贡献奖"获得者，享受国务院政府特殊津贴。

1. 受益于农村劳动力的持续转移，20世纪80年代至21世纪初，中国的非农就业呈迅速增加趋势。随后，农村劳动力非农就业的职业选择趋势发生了结构性变化，主要表现为农村劳动力转移数量的不断增加和个体经营比例的下降。

2. 农村劳动力非农就业的稳步增长已成为叙述中国发展故事中不可或缺的重要组成部分。当前学界关注的焦点问题是农村劳动力市场的发展是否有效促进了中国经济的转型。

3. 改革开放40年来，我国农村劳动力的非农就业参与率总体呈上升趋势，从1978年的9.3%上升到2015年的74.9%，平均每年增长1.8个百分点，但不同时期非农劳动力参与率存在差异。

4. 女性在非农就业中的角色也发生了巨大的变化。非农工作增加了我国农村地区女性的收入和地位，妇女们从非农就业中受益良多。

5. 通过对劳动力市场发展趋势的分解可以发现，劳动力市场的变化，与从以农业生产为主导的经济向以其他生产形式为主导的经济转型相一致，同时也与人口的日趋城市化相一致。

6. 在现行户籍制度框架下，在城市生活的数百万农村务工家庭的生活状况无疑是巨大的挑战。留守儿童和老人的状况，特别是他们在养老、健康、营养和教育等方面的状况，已引起不同领域研究人员的关注。这也是我们在未来政策制定中不能忽视的问题。

　　农业、农村、农民问题是关系我国国计民生的根本性问题，而农民就业是满足个人生活需要、实现自我价值的必要途径，因此，充分认识农民就业状况，准确把握农民就业规律，对促进农业生产、改善农民生活、推动农村经济社会持续发展，具有十分重要的意义。

　　从就业角度讲，改革开放以来的中国农村主要经历了两个关键性变革历程：一是家庭联产承包责任制的实施，它使得农村出现了大量的农业劳动力剩余现象；二是市场化改革的推进，它使得越来越多的农村劳动力通过就业市场进入到非农产业就业。

　　多方的数据佐证了改革开放以来大量的农村劳动力向非农就业转移的事实，而且，农村劳动力非农就业的稳步增长已成为讲述中国发展故事的重要组成部分。但是，在肯定农村非农就业作用的同时，我们似乎无法忽视另外一个问题，即"新常态"这一宏观经济条件给农村非农就业带来的影响，比如，大批的农民是否还将继续务农、在城市无法长期生存下去的非农就业农民是否再回归农业等。

　　关于农村地区的非农就业问题，现任联合国环境署国际生态系统管理伙伴计划（UNEP-IEMP）主任、中国科学院农业政策研究中心张林秀研究员及其团队，有过长期、深入的研究。

　　在中国农村改革 40 周年之际，本着梳理中国农村地区非农就业的演变历程，剖析分解非农就业的相关构成要素，展望未来农村非农就业发展以及验证农村劳动力市场是否能有效推进中国经济转型之目的，我应约对张林秀研究员进行了专访。

（辛　贤）

辛贤：张老师，您好！改革开放以来，我国的农业劳动力大量向非农产业转移，也带来了很大变化。在您看来，当前中国学界针对农村地区非农就业关注的焦点是什么？

张林秀：随着家庭联产承包责任制的实施，我国农业的劳动生产率迅速提升，农村出现了大量的剩余劳动力。我国的非农就业从 20 世纪 80 年代早期开始就迅速增加，并一直延续到 21 世纪初。2000 年前后，我国农村劳动力非农就业的职业选择发生了结构性变化，主要表现为农村劳动力转移数量的不断增加和个体经营比例的持续下降。

农村劳动力非农就业的稳步增长已成为叙述中国发展故事中不可或缺的重要组成部分。当前学界关注的焦点在于农村劳动力市场的发展是否有效促进了中国经济的转型。关于这一问题，目前主要存在两种观点：一种观点认为中国的经济发展仍然存在着巨大的障碍，完善的农村劳动力市场的缺失会阻碍中国经济的增长；另一种观点则认为农村劳动力市场是中国走向现代化的首要驱动力。不论争论如何，2012 年召开的中共第十八次全国代表大会已将发展新型工业化、信息化、城镇化、农业现代化（即"四化同步"），放到了尤为突出的位置，在政策制定中，对非农就业也会愈加重视。随着更详细的数据积累，人们开始更加关注 2000 年以来、尤其是 2008 年以后，我国农村劳动力非农就业的发展演变情况。目前，关于中国农村劳动力非农就业的研究大都关注改革开放头 30 年这一相对较短的时期，并利用新的家庭调查数据。

辛贤：请您介绍一下改革开放 40 年来我国农村地区劳动力的非农就业呈现怎样的趋势？

张林秀：根据国家统计局的数据显示，改革开放以来的 40 年里，我国农村劳动力非农就业的参与率总体上呈上升趋势，从 1978 年的 9.3% 上升到 2015 年的 74.9%，年均增长 1.8%。然而，在改革的不同时期，非农劳动力的参与率有所不同。具体来说，在改革开放初期（1978—1983 年），

专题九 改革开放 40 年来中国农村地区的非农就业

很少有农村劳动力可以获得非农就业机会。非农就业人口占整个农村劳动力的比例不足一成。非农就业机会被认为是衡量村干部提高村庄福利能力的一种手段。非农就业机会有多种形式，包括村庄或乡镇工厂的岗位，采矿、渔业、林业和其他活动的工作。然而，非农就业占比从 1984 年开始出现了大幅度的增长。到 1996 年，非农就业人口占比已达到了 35.4%，13 年间年均增长 2%。然而，在接下来的 4 年里（1997—2000 年），非农就业人口占比一直徘徊在 35% 左右。2000 年以后，非农就业人口占比又恢复了快速增长，从 2000 年的 33.9% 上升到 2015 年的 74.9%，15 年间平均每年增长近 2.7 个百分点。

过去 40 年农村劳动力非农就业的发展演变，是政府在这一时期的劳动力转移政策的体现。在过去的 40 年里，政府的劳动力转移政策大体可分为四个阶段：在改革开放初期（1979—1983 年）"严格控制"的政策之后，政府开始采用"允许流动的政策"（1985—1988 年），紧接着是 1989—1991 年的"控制无目的、无秩序的流动"政策，1992—2000 年实施的则是"管控流动人口"的政策。2000 年以后，政府开始转向"公平的人口流动"政策，该政策的特点在于实施全面改革，破除人口流动的障碍，以建立城乡一体化劳动力市场。尽管各省都遵循中央政府出台了人口流动政策的指导方针，但不同省份之间有所不同。例如，自 20 世纪 90 年代中期以来，吉林、陕西、四川和湖北等省出台了鼓励农村劳动力在农村地区寻找非农就业或外出务工机会的政策，而江苏、浙江、河北和辽宁等省则未出台相关政策。

总而言之，改革开放 40 年来，农村劳动力的非农就业比例呈现出明显的上升趋势。一个农村劳动力在 2015 年从事非农工作的可能性是 1981 年从事非农工作可能性的 4 倍多。

辛贤：要清楚地了解农村地区非农就业状况，通常是需要对其做进一步的分解。那么，对非农就业发展进行分解的标准有哪些呢？

张林秀：对农村地区非农就业进行分解的标准比较多，我们的研究是按照工资性收入与个体经营、外出与当地、非农就业的目的地、年龄段、兼职与全职、性别、来源省份的经济状况和行业等标准进行划分的。

辛贤：对改革开放 40 年来中国农村劳动力非农就业的分解过程中，您有哪些新的发现？

张林秀：我从五个方面来简单谈一下非农就业的分解情况吧。首先，从工资性收入与个体经营角度来看，尽管我国的非农就业率在改革开放以来的 40 年里一直保持稳定增长，但如果将就业数据分解为工资性收入和个体经营者收入，则会发现在 2008 年前后，农村劳动力非农就业的构成发生了明显的变化。1981—2008 年，农村劳动力主要依靠外出务工工资收入的比重从 4.2% 上升到 24.2%，年均增长了 20%。在同一时期，主要依靠个体经营的比重则从 4.6% 上升到 21.5%，增加了 16.9%。在这两个就业类别中，非农就业比例的增长几乎是同步的，2008 年以前，主要依靠工资性收入和个体经营的人员，在农村劳动力市场转型中都扮演着重要的角色。由于在沿海地区和城市周边的制造业中，对工人的需求大幅增加，个体经营者仍占有这么高的比例可能会让许多人感到惊讶。然而，服务业和其他行业的发展，如住房建设，需要许多个体经营者或合同承包商，这给农村劳动力提供了许多机会，使得他们可以开办微型或袖珍型企业。

与 2008 年前的非农就业发展趋势相比，2008 年以后我国农村劳动力的非农就业趋势出现了明显的不同。具体而言，1981—2008 年，主要依靠工资收入的外出务工人员比例每年增长 0.63%，而在 2008—2015 年，这一增速加快至 2.6%，截至 2015 年这一比例更是高达 42.4%。相反，1981—2008 年，个体经营的比例年均增长 0.63%，而到了 2009—2015 年，个体经营的比例却每年下降 1.1%，到 2015 年，个体经营者的占比降至 14.1%。简而言之，农村劳动力非农就业的结构性变化持续到了改革开放的第四个 10 年，依靠工资收入的人员继续持续增加，而个体经营者的比重则继续下降。

其次，从外出就业与在当地就业看，通过分解中国劳动的趋势，研究表明，劳动力市场不仅仅是向农村居民提供非农收入。就业类型的趋势表明，在过去30年里，农村劳动力工作的目的地已经从农村转移到了城市。在1981年，将近84%的农村劳动力都在务农，那些从事非农就业的人中，有7%是在当地从事个体经营，4%是在当地务工，到外地务工的农村劳动力不足5%，而在外地从事个体经营者甚至不到1%，在当地或离家较近的地方从事非农工作的人员比重远远高于去外地工作的人员比重。到2000年，外出从事非农工作和留在本村从事非农工作的人员比例基本持平，分别为21.7%和23.7%。到2015年，去外地从事非农工作的人和留在本村的人员比例分别为72.7%和27.3%。因此，总的来说，在过去的40年里，农村劳动力中外出务工人员占比是增长最明显、最快的部分。

第三，从个体经营企业的性质看，在2008年，这些公司的性质基本类似。这些公司的规模较小，平均每个公司仅有4名员工；以劳动密集型企业为主，其资产总额平均为83 990元；使用家庭劳动力并进行家庭经营。值得注意的是，雇佣非家庭成员的企业仅为14.3%，且平均只雇佣了1.2个非家族成员。然而，尽管公司规模很小，仍有证据表明，个体经营企业已经变得越来越专业化。家庭成员参与企业的性质也慢慢发生了变化。在这些企业里，丈夫或妻子单独经营的企业越来越少了。丈夫独立经营的企业从53.3%减少到至37.4%。妻子独立经营的企业比例从10.1%下降到6.1%。相比之下，丈夫和妻子共同经营的企业则从25.4%上升到40.6%，而由子女经营的企业从6.3%增加到13.4%。

拥有个体经营企业的家庭比例达到了30%，与2000年的比例持平。最近的观察数据显示，家庭成员参与的性质已经发生了进一步的变化。由丈夫独立经营的企业越来越少，无论是他自己经营，还是与妻子一起经营，所占的比例从2008年的37.4%下降到了2016年的27.7%。然而，有越来越多由妻子和子女经营的企业，要么是各自经营，要么是他们一起经营。与此同时，夫妻公司的份额也有所下降，从40.6%下降到34.2%。与之相反，妻子独立经营的企业所占的比例从6.1%上升到13.2%，子女经营的企业所占的比例则从 13.4% 增加到 25.5%。

第四，从非农就业的目的地看，在过去的 40 年里，更多的农村劳动力选择到远离家乡的地方务工，这一趋势持续到 2007 年。根据我们的调研数据显示，1981 年，有超过七成的外出务工人员在本省工作；只有不到三成的人去外省工作。而到了 2007 年，有 46% 的外出务工者选择去外省工作。尽管他们最初的水平有所不同，但这一变化在不同年龄段的人群中是相似的。1981 年，30 岁以下的务工者中，有 33% 的人选择在外省工作，而在 2007 年，这一比例达到了 54%，年均增长 0.8%。与此同时，在 1981 年超过 30 岁的务工者中，仅有 11% 的务工者去外省工作，而到 2007 年，这一比例达到了 30%，年均增长 0.7%。

然而，2007—2015 年，这一趋势发生了变化。2012 年和 2016 年调研数据显示，在去外省务工的劳动力比例比 2011 年前有所下降，但 2015 年又出现了增加，但仍低于 2007 年的水平。2011 年，有 57% 的外出务工者在本省工作，只有 22% 的人选择去外省工作。有趣的是，2011 年后，这一趋势又发生了变化。2015 年，有 71% 的务工者在本省工作，而只有 29% 的务工者去了外省。这一变化在 30 岁以下的员工中尤为明显。2011 年，30 岁以下的务工者中只有 31% 去了外省工作。同时，2015 年，去外省务工的年轻人的比例略有上升，达到 33%。相比之下，在 30 岁以上的务工者中，这一趋势就没那么明显了。2011 年，在 30 岁以上的务工者中，只有 17% 选择去外省工作，而到 2015 年，这一数字上升到 29%，与 2007 年的水平基本持平。

第五，按年龄组看，从不同年龄组非农就业者的演变中，更能看出农村劳动力转移的这些趋势，这也揭示了过去 40 年中国非农就业模式变化的最显著特征，即向非农就业转移的主要是年轻人。对于那些 30 岁以上的人，所有年龄段的务工者在 1981 年的比例都是一样的，从 16% 到 19% 不等。1981 年，年龄为 36～40 岁的群体中，有 24% 的人从事了非农就业。相比之下，在 40 岁以上的群体中，只有 10% 的人从事了非农就业活动。

1990 年，年龄在 50 岁以下的所有年龄组的非农就业参与率为从

21% ～ 34% 不等。相比之下，在 51 ～ 65 岁的人群中，只有 12% 的人在从事非农就业。在 20 岁以上的务工人员中，从最年长到最年轻的人群，非农就业比例有明显的提高。然而，到 2000 年，较年长的劳动者从事非农就业比例的上升速度有所加快，而且随着年龄的增加，从最年长到最年轻的群体，他们的排名也出现了明显的变化。2000 年，16 ～ 20 岁的年轻务工者比例为 76%，而在 1990 年这一比例仅为 24%。在 21 ～ 40 岁和 51 ～ 65 岁这两个群体中，他们从事非农就业的比例几乎翻了一番。相比之下，在 41 ～ 50 岁的群体中，尽管他们的非农就业率增加了 17%，达到 38%，但而仍比 16 ～ 20 岁的群体非农参与率（76%）低许多。

2000—2004 年，除 16 ～ 20 岁和 51 ～ 65 岁这两个年龄组，几乎所有年龄段从事非农就业的比例都在上升。在 21 ～ 35 岁的年龄组中，这一比例的上升尤为明显，在这 4 年间，平均每年增加约 5%。相比之下，41 ～ 50 岁的年龄组中，这一比例的同期增长仅为 0.75%。在同一时期，最年轻的和最年长的年龄组年均分别下降了 0.5% 和 2.8%。

2004 年以后，所有年龄组的非农就业比例仍保持持续增加，并一直持续到 2010 年年中。根据我们的调研数据，几乎所有最年轻的年龄组中，没有在学校读书和没有疾病的年轻人都在从事非农就业。事实上，2015 年，16 ～ 20 岁的年轻组中只有 8% 的人没有非农就业。老年组的非农就业比例也越来越高；在 21 ～ 25 岁的年龄组中，91% 的人从事非农就业；在 26 ～ 30 岁的年龄组中，88% 的人从事非农就业；在 40 ～ 50 岁的年龄组中，有 66% 的人从事非农就业。即使年龄较大的 51 ～ 65 岁年龄组，在 2015 年，非农就业的比例也达到了 40%，这比 2004 年的比例有大幅的增加。

辛贤：该如何理解这些分解的结果？

张林秀：调查数据显示，中国在 20 世纪 80—90 年代期间经历了农村劳动力非农就业比例的快速增长，在 21 世纪头 10 年和 20 年期间，在某些年龄段的群体仍在加速增长。中国劳动力市场的发展模式在不同的地区存在差异。非农就业的比例已经达到了很高的水平。有趣的是，尽管仍有数千万农村劳动力在他们外省生活和工作，但到 2011 年，大多数外出务工人，尤其是 30 岁以上的外出务工者，都选择在本县或本省工作。然而，2011 年之后的情况就有所不同了。根据我们的分析，2015 年，16 ～ 20 岁的农村劳动力在本省就业比例为 92%，20 ～ 25 岁的农村劳动力在本省就业比例为 91%，26 ～ 30 岁的农村劳动力在本省就业比例为 88%。

女性在非农就业中的角色也发生了巨大的变化。尽管女性地位相对较低，但她们非农参与率的上升速度要快于男性。在一些较低年龄的人群中，男性和女性的参与率几乎没有差别。对女性非农就业人数上升的一种解释是，随着劳动力市场变得更具竞争力，经理们行使其歧视性偏好的做法有所减少，这为那些之前无法参与的人提供了新的就业机会。另一种情况是，随着对女性技能偏好的增加，女性工作机会可能会增加。通过从事非农就业，随着女性的收入增加，她们的地位也得到提高。

非农就业比例的快速增长一直持续到 2010 年年中，当时有一些人担心，宏观经济条件可能会让农村劳动力继续务农或者把外出务工者吸引回归农业。在我们对劳动力市场的趋势进行分解中发现，劳动力市场的变化与从以农业生产为主导的经济向以其他生产形式为主导的经济转型相一致，同时也与人口城市化相一致。

外出务工已成为非农活动的主要形式，劳动力市场已经越来越被年轻工人主导，但最初的非农就业，女性被排除在外。农村劳动者也表现出了专业化的迹象，尤其是当我们考察他们的工作行为、工作年龄和所在村庄的位置时。同时，从事个体经营的农村劳动力的比例正在下降，这至少在一定程度上是由于 21 世纪初工资水平上升导致的收入差距缩小。在过去的几年里，外出务工已经超越了个体经营，成为农村劳动力就业的第一大细分市场。只要工资继续上涨，这种趋势还会持续下去。

农村年轻劳动力从事农业的可能性要比老一辈的农村劳动力低得多。具体而言，这一变化趋势与劳动力市场出现的能够改变中国经济的趋势越来越一致。随着时间和空间的推移，越来越多的受过教育的年轻劳动力从事非农工作。女性的进入门槛也在降低。如果中国继续像过去 40 年和较富裕的地区变化那样，我们预计农村人口将继续从农村转移到城市，从农业转向工业。事实上，所有这些都与对中国未来发展的乐观相一致，至少在中国的劳动力市场是如此。

辛贤：您如何看待工资率变化可能对非农就业产生的影响？

张林秀：农村地区的家庭劳动力结构、性别和年龄的影响是决定是否从事非农就业重要因素之一。人力资本，包括教育、培训和经验，对非农就业也有重要影响，这些是决定了一个人是否从事非农就业。

个体经营与务工的职业选择存在着明显的相关性，也就是说个体经营者与依靠工资收入务工之间存在着明显的相关性。在 20 世纪 80—90 年代，非熟练工人的工资水平较低、停滞不前，在这 20 年里，中国的经济增长导致了农村劳动力从事"个体经营"和依靠"工资收入"的外出打工增加。然而，在 2000 年之后，当非熟练工人的工资开始迅速上涨，更多的农村劳动力开始选择外出打工，而不是从事非农的个体经营。

2000 年，非熟练工人每小时工资为 3.0 元，而到了 2008 年，非熟练工人每小时工资涨到了 5.4 元。此外，非熟练工人的工资水平在 2008 年之后继续上升，2011 年升至每小时 8.1 元，2015 年进一步升至每小时 10.7 元。根据我们的研究，从 2000—2015 年，实际上非熟练工人每小时工资年均增长了 8.8%。相比之下，个体经营者在 2000 年每小时的收入所得为 7.2 元，2008 年每小时收入为 7.4 元，收入基本维持在原有水平。2000—2008 年，非农个体经营者每小时收入的年均增长率仅为 0.35%。

从这些趋势来看，工资水平的快速上涨，是导致个体经营从上升到维持不变的转变，以及外出务工者从上升到加速上升的转变。这一结构变化是由个体经营者每小时工资增长速度和外出务工者每小时收入的相对变化决定的。

随着时间的推移，风险成为职业选择的一个重要决定因素。尽管个体经营者每小时的收入是外出务工者的两倍以上，二者分别为7.2元和3.0元，但个体经营者收入的标准差要比外出务工者工资的标准差要高得多，二者分别为44.3和2.5。有超过10%的个体经营者在经营自己的企业时，实际上是赔钱的，尽管平均来说，个体经营者还在增加。

2008年，高回报、高风险仍然是农村劳动力市场的重要特征，但其概率发生了变化。到2008年，个体经营者每小时的收入仅比外出务工者高出37%，而2000年这一数字为140%。有趣的是，尽管个体经营者的收入标准离差仍然高于外出务工者的水平，但这一比率却下降了，这既是由于个体经营者收入的标准差下降，也与外出务工者的标准偏差上升有关。这样的发现在某种程度上暗示了个体经营者数量的变化是正常的。

辛贤：您认为农村地区劳动力非农就业所面临的挑战是什么？

张林秀：当前，尽管我国农村劳动力可以相对自由地从农业流向工业、从农村到城市，但改变生活、住所和家庭是相当困难的。外出务工者面临的核心挑战是中国的户口登记制度将中国公民分为农村居民和城市居民。在没有城市户口的情况下，农民工和他们的家庭将无法获得城市的公共服务，包括住房、医疗、社会保障以及最重要的教育等。其结果是，给居住在城市的数百万农民工的家庭生活状况带来了巨大的挑战。同时，留守儿童和老人的问题，特别是他们在养老、健康、营养和教育等方面的境遇，已引起社会各界的广泛关注。这也是我们在未来的政策制定中不能忽视的问题。

此外，孩子在哪里接受教育，父母外出务工对子女教育的影响是什么？这些都是数以百万计的农村外出务工者所面临的突出问题。这些问题的答案可能会产生深远的政策影响。无论结论如何，我们都建议，为改善留守儿童的健康、营养和教育而设计的特别项目，应该覆盖所有的中国农村儿童。

专题十

中国农村教育改革40年：过去的成功和未来的挑战

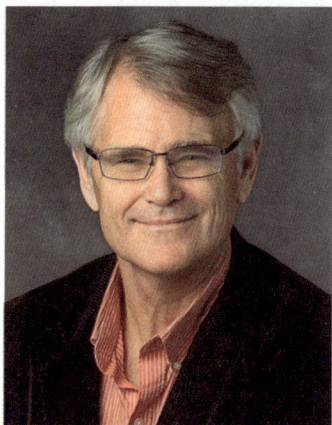

斯科特·罗斯高 (Scott Rozelle) 1955 年生人。斯坦福大学弗里曼·斯珀格里国际研究所资深研究员、教授，海伦·法恩斯沃斯 (Helen F. Farnsworth)讲席教授，农村教育行动计划联合主任。在过去的 30 年间，通过关注农业、资源和环境问题，致力于减贫经济学研究。目前，其贫困问题研究重点包括农村卫生、营养和教育等方面的人力资本问题。在 *Science，Nature，American Economic Review* 等权威和重要期刊上发表论文 400 多篇文。2007 年获"中国科学院国际科技合作奖"，同年在美国获"美国农业经济协会终生成就奖"；2008 年获"中华人民共和国友谊奖"（此奖项是中国政府授予来华工作外国专家的国家级最高奖项）；2009 年获中国科学技术部授予的"中华人民共和国国际科学技术合作奖"。

1. 从1981年第一项学前教育制度颁布后，国家先后在管理标准、财政支持等方面鼓励和支持农村学前教育的发展，幼儿园数量稳定，质量提高，入学率大幅提高。

2. 农村义务教育经历了由地方政府财政支持到中央拨款的"免费义务教育"，由于合并，中小学数量下降，但教学质量得到提高，义务教育全面普及。

3. 高中改革的三项重要举措包括关闭低质量高中，发展职业教育体系和扩大高中规模。近年来有普及高中教育的趋势。

4. 1996年，国家在教育方面的支出仅为1 670亿元，到2013年，增加到2.4万亿元，相当于连续17年每年增长17个百分点。国家在教育方面的支出占GDP的比例从2.3%上升到4.11%。

5. 中国的教育支出模式更有利于城市学生和学校，特别是大学。在学龄前阶段，城乡儿童之间存在最大差距，乡村儿童仅获得最少的资金支持。

6. 改革开放40年来，农村教育扩张的贡献主要表现在教育回报增加和性别差距缩小，但同时也出现了留守儿童问题。

7. 未来中国小学教育急需解决的问题是小学儿童健康问题和早期儿童发育不良问题。

农村教育在整个国民教育体系中具有重要的战略地位，它对促进农村经济社会发展，进而实现全面建成小康社会的目标具有基础性、先导性和全局性的重要作用。农村教育的发展状况如何，关系到整个国民素质的提升。因此，农村教育问题一直是学术界的热点问题。

改革开放以来，伴随着以家庭联产承包责任制为核心的经济体制改革，农村也开始了以中等教育结构改革为先导，继而发展为以地方负责、分级管理的基础教育管理体制改革为主体、以多渠道筹措办学经费的投资结构改革为保障，进而实行"三教统筹、三大计划以及农科教结合"的农村教育的全面改革探索和深化。这些重大改革举措，极大地促进了农村教育的发展，改变了农村教育的面貌。但不可否认的是，中国农村教育也面临结构失衡以及资源规模效益低下等难题，农村教育发展水平与农村发展需求以及人民群众的期望还有距离。

美国斯坦福大学 Scott Rozelle 教授及其研究团队多年来从事农村教育行动计划项目，对中国农村教育改革与发展问题有较为深入的研究和思考。

农村教育改革是中国农村改革的重要组成部分。2018 年是中国农村改革的 40 年，也是农村教育改革的 40 年。在此意义上，如何客观认识中国农村教育改革 40 年来的成就及其面临的挑战至关重要。也正因为如此，我利用他来北京访问的机会，对他进行了专访。

（辛　贤）

辛贤：Rozelle 教授，您好！学前教育是国民教育体系的重要组成部分，是为终身学习和全面发展奠定基础的重要阶段。您认为改革开放 40 年来中国的学前教育政策发生了哪些变化？

Scott Rozelle：20 世纪 80 年代，中国政府相关部门已开始制定有关学前教育的规章制度和标准。1981 年出台了第一项关于学前教育的政策，侧重于确定什么构成了有效的学前教育。四年后，也就是 1985 年，国家法律鼓励各级地方政府支持创办幼儿园，主要由公共工作单位和私营公司经营，家庭支付学前班的费用。随后又对幼儿教师应该如何进行教学和评估，以及日托和寄宿学校的班级规模等细节进行了补充。1988 年，政府明确表示幼儿园的资助和管理将由地方政府和公民负责，因此，应该首先在城市和富裕的农村地区推行政策。

到 20 世纪 90 年代，在管理标准方面进行了一系列改进，包括 20 世纪 90 年代中期重新制定了建筑标准，并且完善了入学要求，例如年龄、健康状况。同时出现了一批私营公司资助和经营的高质量幼儿园。与 20 世纪 80 年代一样，只有财政稳定且经济活动充足的地区才能负担大规模的学前教育体系。

在 1994 年实行分税改革的财政分权化体制之前，幼儿园继续依靠当地政府的资金支持。地方政府需要负责这一大笔支出，从根本上侵蚀了现有幼儿系统的福利基础。在新政策下，国家对地方的资金资助力度大幅下降，许多地方没有足够的资金来支付他们的开支。随着新财政紧缩政策的实施，地方政府对学前教育投资的激励机制减少。到 1995 年，幼儿园的数量和幼儿教师的数量都急剧下降，入学率停滞不前。

进入 21 世纪，学前教育问题再次引起广泛关注。许多地区将独立学校与现有的小学合并。2010 年，地方政府被迫大幅增加资金。同年，中央政府开始向偏远农村地区提供学前补贴。从这时起，国家开始为促进学前教育做出巨大的努力。

辛贤：这些政策的变化在助推中国的学前教育发展方面起到哪些作用？

Scott Rozelle：从数量和质量来看，这些政策的实施都极大地促进了中国学前教育的发展。从 20 世纪 80 年代到 2015 年，学校数量基本稳定。因为没有足够的资金支持，20 世纪 80 年代，只有在大城市和相对富裕农村地区才有幼儿园，而且几乎没有私立幼儿园。此后的一段时间内，幼儿园主要由地方政府和相对富裕地区的企业运营，学龄前入学率基本不变。

学前教师的数量也能反映学校的数量。2000 年以后，教师人数的增长速度比学校数量增加的速度要快一些。尤其是 2000—2015 年，幼儿教师的数量增长了约 400%。

直到 2005 年，鼓励幼儿上学以及中央政府财政支持的政策出现之后，学龄前入学率才发生了明显变化。从 21 世纪初的不到 30%，到 2015 年 95% 的儿童上过幼儿园。在如此短的时间内，学前教育覆盖率如此巨大的变化在世界都是少见的。我们陕南研究小组收集的数据表明，即使在最贫困的山区，也有超过 85% 的家庭有孩子在读学前班。

辛贤：提到义务教育，大家都知道 1986 年中国推出了第一部九年义务教育法，这在中国教育史上具有重要的意义。除此之外，改革开放以来政府在推动义务教育普及这方面还做了哪些努力？取得了怎样的成效？

Scott Rozelle：义务教育分为小学阶段和初中阶段。初中和小学的发展趋势非常相似，只是政策实施年份有所不同。我们先来看小学教育政策的发展。

其实在义务教育法颁布之前，国家已经对义务教育进行了一些调整。"文革"期间，政府关闭了小型低质量学校，并调整仍在运作的学校的课程。在此后的义务教育改革中很重要的一个方面是资金支持的改革。20 世纪 80 年代初期，政府启动了财政改革，把教育管理和资金下放到县级。政策要求，无论财政能力如何，地方政府都必须为儿童提供教育。但由于资金不足，某些地方政府只能收取学费。有些地方政府为了节省资金，开始合并学校。

再到后来，您刚才提到的，1986 年推出中国第一部九年义务教育法，但是这时资金问题依旧紧张。教师聘用和教师工资支付依旧由地方政府负责，由于教师短缺和资金短缺，许多地方雇用临时合同教师，代课教师工资远低于普通正式教师。在 20 世纪 90 年代中期开始财政改革之后，教育系统的压力继续增加。为了提供更高质量的教育，许多地方提高了学费。

资金压力的减小是从 2001 年政府宣布控制学费和收费的政策开始的。2003 年，完全取消学杂费，采用"两免一补"政策。2006 年，启动了"免费义务教育法"，政府第一次开始为农村教育提供资金。

随着中央政府资金的增加，提高教育质量的需求也越来越迫切。第一个重要事件是在 21 世纪初，将较小的学校合并为较大的城镇和大型乡村学校，学校开始扩大基础设施建设，教室、教师办公室、教职工宿舍和学生宿舍都进行了重建和装修。到 2010 年，中国农村小学和初中的很大一部分已经得到了翻新。

进入 21 世纪，教师资助和招聘制度也发生了巨大变化。2006 年开始，以前由地方政府负责的教师工资改由中央政府支付。2009 年，教师薪金提高到与正规公务员相同的水平。2010 年以后，国家教育资金的投入主要用于推动教育质量的提高。

伴随着小学教育改革的实施，小学的数量和教学质量都发生了变化。1978 年以来，小学数量出现了近乎线性的下降。当地方政府面临资金有限和提供优质教育的任务时，降低成本的主要手段是学校兼并。所以，1978—2015 年，学校数量急剧下降。到 2015 年，中国的小学不到 20 万所。

但是这期间教师人数几乎不变。80 年代的教师数量与 2015 年的教师数量几乎相同。但是教师结构发生了变化，合同教师占比下降。2010 年，中国农村合同教师的比例不到 4.5%，远低于 20 世纪 80—90 年代的比重。此外，教师的工资和附加福利都显著增加。

随着小学生人数下降，而改革期间教师人数不变，所以师生比例稳步下降，这无疑提高了中国农村的教学质量。

专题十　中国农村教育改革 40 年：过去的成功和未来的挑战

改革开放 40 年来小学的入学率保持高位。1990 年，超过 97% 的 6 ～ 12 岁的儿童正在上小学。根据一项对 9 县 181 所学校的调查，截至 2010 年初，99% 以上的汉族儿童读完了小学。20 世纪 80 年代初，中国 60% ～ 70% 的儿童读完小学并继续上初中。80 年代中期，随着义务教育法的颁布、实施，小学升入初中的儿童比例逐渐上升。到了 20 世纪 90 年代后期，几乎所有的孩子都继续上初中。

初中的数量在改革开放 40 年间持续下降。初中和小学的教师和师生比例变化趋势也几乎相同。教师的数量几乎不变，教学质量不断提高。

小学学生人数下降，意味着初中学生人数也在下降。但受其他政策措施的正面影响，改革开放 40 年来初中入学率稳步上升。1990 年，13 ～ 15 岁年龄段的人群中只有 60% 的比例上了初中。根据教育部的数据统计，到 2010 年，几乎所有 13 ～ 15 岁的孩子都上初中，继续上高中的初中毕业生的比例相当高。虽然高中非义务教育，但是，1980—2010 年，进入高中的学生比例急剧增加，从 30% 增加到 90% 左右。这表明，青年人对继续上学有强烈的愿望。

辛贤：您刚才提到，随着义务教育的发展，进入高中的学生比例也有所提高。政府出台了什么政策来适应这种教育需求的变化？对高中教育的发展相应产生了什么影响？

Scott Rozelle：“文革”结束之初，中国平均每个县有十多所高中。改革前，高中课程主要围绕政治思想和工作学习活动，而不专注于数学、科学、中文和英语的课程。

因此，在 20 世纪 70 年代末至 80 年代初，当中国恢复传统的高中课程时，首先关闭了大批质量差的高中。出台了新的三年制课程，取代“文革”期间盛行的两年制课程，并减少了高中招生人数。

第二个重大政策出现在 20 世纪 80 年代，提出了创建新的职业教育和培训体系，鼓励地方政府开设一系列职业教育学校，为工业和服务部门培养技

术工人。

在 20 世纪 80 年代末和几乎整个 20 世纪 90 年代，高中系统几乎没有变化。影响高中教育的第三次政策变化重点在于扩展高等教育。20 世纪 90 年代末至 21 世纪初，政府扩大了大学的规模，大学规模几乎翻了四倍，大大刺激了高中的迅速扩张。

对大学生需求增加的同时，工业结构和工资增长正在迅速变化，经济发展需要更多技术工人。因此，政府在现有职业教育与培训体系的基础上推出了新的职业教育与培训计划。国家为职业教育与培训教育提供足够的补贴，并鼓励地方政府资助当地的职业教育与培训项目。对学校进行资助的同时，为职业技术学校学生提供学费补贴，以鼓励更多的学生参加。

虽然暂时没有公布相关法令，但各种迹象表明，政府将在未来几年中致力于普及高中教育。最近，政府发布了一份正式政策声明，鼓励所有 16～18 岁的青少年在 2020 年前上高中。

这一系列政策的效果十分显著，学校数量和学生人数对政策的反应最为明显。政府一旦停止为"文革"高中提供资金，并将高中的责任交还给地方政府，学校数量急剧下降。1980—1990 年，高中学校数量下降了一半以上，从 30 000 多下降到不到 15 000。与此同时，出现了新的职业教育与培训体系，中国的高等教育在 20 世纪 80 年代末比 20 世纪 70 年代发生了根本性的变化。

然而，从 20 世纪 80 年代中期到 90 年代末，高中总数几乎没有变化。即使在大学扩张之后，高中的数量仍然没有变化。这可能是因为高中的大部分资金仍然由地方提供，所以新学校的建设没有充足的资金。

虽然学校数量没有增加，但学生数量却在 1995—2015 年急剧上升。1998—2015 年，入学高中的初中生人数从 15% 上升到接近 50%，职业技术学校学生的数量也显著增加。伴随着高等教育的扩张，高中毕业进入大学的人数也有所增加。1998 年，只有大约 50% 的高中毕业生继续上大学，其余的则直接参加工作，但到了 2015 年，超过 90% 的高中毕业生继续上大学。

专题十　中国农村教育改革 40 年：过去的成功和未来的挑战

辛贤：改革期间的教育经费由最初的地方政府负责发展到后来中央政府拨款支持。教育经费的支出增加了多少？在不同教育阶段中如何分配？

Scott Rozelle：政府拨款是扩大和改善教育的重要政策。1996 年，国家在教育方面的支出仅为 1 670 亿元，到 2013 年，国家支出增加到 2.4 万亿元。这相当于 17 年间每年增长 17 个百分点。支出增长占 GDP 的比例更高。1996 年，国家仅将 GDP 的 2.3% 投入教育。到 2013 年，GDP 的 4.11% 用于教育。政府每年的目标投资率至少达到国内生产总值的 4%。

根据已有的研究，中国的大学和高中生源更多来自城市，而幼儿园、小学、初中和职业学校生源更多来自农村。在过去的 20 年中，在学校体系中支出最多的两个部分是大学和高中，也就是说教育投入更多地倾向于城市。

国家拨款中大学获得的拨款比例最大。尽管小学的年数更多，6 ~ 12 岁的儿童 100% 接受小学教育，而年龄在 19 ~ 22 岁的年轻人中不到 30% 人接受高等教育，但大学依旧比小学获得更多的资金。通过比较高中与职业技术学校资助也可以发现，资助更偏向于城市。高中的教育预算为 10%，高于职业技术学校的 7%。

过去 40 年来的教育融资，总量、绝对量和 GDP 占比都是增加的，显示了政府对提高人力资本水平的努力。但是，中国的教育支出模式更有利于城市学生和学校，特别是大学。在所有教育阶段，学龄前儿童教育存在较大城乡差距，乡村儿童获得资金支持较少。

辛贤：您认为中国农村教育 40 年取得了哪些突出成就？

Scott Rozelle：过去 40 年来，尤其是过去 10 年来，中国在农村教育方面所取得的进步可以说是无与伦比的。20 世纪 80 年代，只有城市儿童上得了学前班。即使到 2015 年前后，中国中西部农村地区的学龄前入学率仍然很低。然而今天，学龄前入学率超过 90%。小学、初中和高中的入学率也有显著增加。在过去的 40 年中，中国近 10 亿学生接受了教育。

中国教育的成就远不止这些。例如，虽然在 21 世纪初几乎所有的儿童都上过小学，但他们接受的教育质量远远低于今天。2005 年，当我们的研究团队首次将重点转向农村教育时，校舍仍然是摇摇欲坠的土坯。教室的内部是黑暗的，由悬挂在裸露电线末端的单个灯泡照亮。冬天，破碎的玻璃窗户不能防风防寒。孩子们经常被"打包"在课桌前。在多个学区，大多数教师都是短期合同，无法保证教育质量。这些合同教师的工资也不能按时发放。

然而，今天的情况完全不同。政府开展了一系列基础设施建设项目，资助和监督中国农村几乎所有中小学的重建工作。粉碎的土坯已经被固体水泥所取代，粉刷或涂上鲜艳的颜色。教室灯火通明，现代桌椅整齐排列。黑板与白色和彩色粉笔无限量供应。十年前的合同教师几乎全部由经过高级培训的职业教育工作者取代，且工资由政府发放。学费是免费的，书籍也是免费的。在贫困地区，学生们甚至可以免费享用午餐。

初中和高中的教学质量也有了极大的提升。学习工程专业的中国新生比同专业的美国、俄罗斯的学生在数学、物理测验上得分高出两到三个百分点。在中国成为高中生可能并不容易，但中国的高中似乎比世界上其他地方的教学质量高得多。

政府未来几年的政策表明，目前的领导层正在推动更高水平的人力资本增长。一些政策的实现，将有利于中国未来的增长和稳定。

辛贤：中国教育系统或者说农村教育的变化对整个社会做出了哪些贡献？

Scott Rozelle：一是表现在教育回报率方面。过去 40 年来，中国的教育回报大幅增加。大学教育的回报率从 1988 年的 15.1% 上升到 1995 年的 40.1%。当年教育的经济回报从 1986 年的 3.7% 上升到 2014 年的 17.3%。1978 年以来，教育回报率平均每年增长 0.2 个百分点。

二是表现在性别差距的缩小方面。改革时期女童教育取得了实质性成果。在改革开始时，学龄女童入学率明显低于男童。在早期阶段，特别是在农村地区，男女辍学率依旧有较大差异。尽管教育的性别不平等依然存在，但随着改革的推移，性别差距一直在缩小。性别差异也会因为地区和年级而不同，在城市地区或九年义务教育中几乎不存在性别不平等。从学业成绩来看，性别差距更不明显。一些研究甚至发现女孩在一系列认知和教育绩效指标上胜过男孩。总之，中国教育中的性别不平等仍值得关注。

虽然改革取得了一些成绩，但不可忽视的是，与此同时，也出现了一些负面影响。比如，出现了留守儿童。改革时期，城市化快速发展，导致大量农村居民迁出家园寻找非农就业机会。由于政策严格禁止农村儿童在城市上学，外出务工父母常常让子女留下，由孩子的祖父母照顾。这种大规模城市化的直接结果是，中国出现了一个新的子群体—留守儿童。2010 年，中国有超过 6 100万留守儿童。父母外出务工对学生成绩和在学校表现都有显著的负面影响。

辛贤：假如中国到 2020 年实现了普及高中的目标，那么中小学教育将面临哪些挑战？总结改革 40 年来的经验，您认为如何才能在提高所有儿童入学的基础上并使他们能够吸收更多高中的知识？

Scott Rozelle：首先要做的是关注小学健康问题。研究表明，农村贫困地区小学的学生受到一系列健康状况的困扰，这些状况会降低他们的能量水平并干扰他们的学习能力。健康状况不佳可能成为学生在其受教育阶段的第一个也是最大的障碍之一。

比如中国 25% ~ 34% 的农村小学生患有缺铁性贫血。贫血会抑制学习，世界各地的贫血儿童的成绩更差，入学率更低，辍学率更高。虽然中国政府已采取行动解决这个问题，但问题依然存在。

第二个重大的健康危机是视力。在一般的小学人群中，大约 10% 的学生在视力方面存在某种困扰。对于大多数孩子来说，配一副合适的眼镜就可以解决问题。然而在中国农村，很少有人关注这个问题。在甘肃农村的一项研究中，研究人员发现，只有 2% 的视力不佳的学生通过配戴眼镜改善了视力。中国的大规模定量研究表明，在农村学校的所有儿童中，超过 20% 的人需要戴眼镜，但没有戴眼镜，也就是说超过数百万的学生无法看清楚黑板上写的字。

中国南部的小学生还可能会遇到其他健康危机。2013 年，贵州省的一项研究显示，农村小学 40% 以上的学生感染肠道蠕虫。这将引发多种身体不适，并且对于教育也有负面影响。肠道蠕虫感染，易导致学习成绩较差，记忆和智力测试分数较低以及学校出勤率较低有关。其他多省研究表明，肠道蠕虫感染率甚至高于 40%。儿童肠道蠕虫感染似乎在整个中国南部地区流行。

这些研究结果都表明，中国城乡教育持续存在差距的一个原因是农村学生生病了。未来几年，更好的营养健康和视力保健应该成为学校关注的重点。

和健康问题一样不容忽视的是早期儿童发育不良问题。中国农村婴幼儿发育迟缓的发生率惊人。有近一半的生活在贫困地区的年幼儿童存在认知上的延迟。专家一致认为，两岁时未经改善的认知延误将是不可逆转的。假设这是事实，那么来自中国贫困农村的大部分儿童将处于终身发展不利地位。

尽管农村学前教育扩张取得了重大进展，但是有些参加学前班的农村儿童通常只参加一年，而不是城市儿童的三年标准。这使农村儿童与城市同龄人相比处于劣势。其次，中国的幼儿园只在 3 岁时开始；0 ~ 3 岁的儿童只能依靠家庭和父母教育。但到了 3 岁时，关键的 1 000 天窗口已经永远关闭。

营养不良和不良的养育方法也使得婴幼儿的发育出现延迟。保证足够的营养以及在与孩子交往时适当地进行刺激，都能降低孩子认知发展延误的概率。尽管孩子大多还是由父母照顾，但现实生活中很少有父母会有意识地使用认知刺激行为来照顾子女。农村父母甚至和孩子一起玩耍也基本不会阅读或给他们的孩子唱歌。换句话说，中国绝大多数在农村长大的孩子，接受近乎零的现代养育投资。

近些年来，在改善营养和改善养育方法等方面的努力已成功地改善了婴幼儿的发育状况。青坝山地区的一项研究发现，营养状况改善既降低了贫血率，又提高了认知水平。另一项研究显示，通过对家庭中的家长培训，18 ~ 30 个月大的孩子的认知程度都得到了很好的提升。为了让孩子拥有良好的认知和语言技能，父母需要在幼儿园之前就进行干预。

专题十　中国农村教育改革 40 年：过去的成功和未来的挑战

专题十一

中国农村减贫政策
40 年回顾与展望

刘彦随　1965 年生人。现任中国科学院精准扶贫评估研究中心主任、中国科学院地理资源研究所区域农业与农村发展研究中心主任，中国科学院区域可持续发展分析与模拟重点实验室副主任、国土资源部退化及未利用土地整治工程重点实验室副主任，北京师范大学土地与城乡发展研究院院长。发展中国家科学院（TWAS）院士，教育部长江学者特聘教授。兼任国际地理联合会农业地理与土地工程委员会主席，中国城乡发展智库联盟理事长，国务院国家精准扶贫第三方评估专家组组长。主要从事城乡发展与土地利用研究。主持并完成国家科技支撑计划项目、国家重点研发计划项目、国家自然科学基金重点项目、国家社会科学基金重大项目等 70 余项。出版著作 16 部，发表论文 450 余篇，其中在 *Nature* 等发表 SCI/SSCI 论文 120 余篇；曾获世界科学院（TWAS）社会科学奖（2017 年），省部级科技奖励一等奖 6 项、二等奖 3 项，国家发明专利 7 项。

1．减贫成就的取得离不开一系列的政策和制度改革，中国的农村改革和减贫是相互联系、相互促进的。

2．从中华人民共和国成立到改革开放之前，我国的减贫战略是救济式扶贫；从改革开放到市场经济体系建立，实施的是发展导向的减贫政策；从市场体系建立到 21 世纪前，我国制定并实施了"八七"扶贫计划；从 21 世纪初到精准扶贫战略实施前，减贫工作的重点由县级转移到村级。

3．精准扶贫战略的减贫机制相比之前有了很大创新，主要体现在动态识别贫困县、动态识别贫困村和动态识别贫困人口（家庭），建立退出机制，并引入第三方扶贫工作评价体系。

4．尽管精准扶贫战略实施取得了显著的减贫成效，但仍面临新的挑战。主要体现在：慢性贫困和长期贫困并存，区域性贫困和分散性贫困并存；返贫现象严重；贫困人口识别存在困难；减贫、发展和生态保护均衡难以维持；农村空心化和老龄化问题加剧导致农村发展动力不足；新的社会不平等可能出现。

5．未来的农村减贫政策，不仅需要继续深入执行差异化和精准化的扶贫战略，还要重点关注深度贫困地区、城市贫困、生态保护与发展以及劳动力转移的减贫效果。此外，对地理贫困学的研究也要予以重视。

贫困是世界各国都面临的一个共同难题，是关乎国家和社会经济稳定的重要根源，因此，它也是学术界和政策制定者关注的重点。中国作为一个发展中国家，同时也是农业大国和人口大国，减贫任务尤为艰巨。城乡二元结构下的农村地区，更是脱贫攻坚工作的重中之重。

贫困不仅仅是单纯的低收入问题，还涉及健康、养老、教育、社会资本、自然资源、基础设施、社会公正、发展机会、性别平等以及个人尊严等多种复杂因素的社会问题。因此，它不只是一个经济概念，它更关乎公民的权利和能力。因此，全面、科学地认识贫困问题，有助于农村减贫战略的正确选择。

改革开放以来，中国政府一直致力于农村的减贫工作，实施了一系列包括国家扶贫攻坚战略以及精准扶贫政策在内的诸多重大举措，取得了巨大成绩，主要体现在：农村的贫困人口和低收入人群大幅减少、农村地区的生产生活条件明显改善以及公共事业快速发展。但是，目前农村减贫工作中还存在扶贫资源错位、扶贫对象错位以及扶贫政策错位等问题，未来农村减贫工作仍面临诸多挑战和难题。

关于中国农村减贫问题，中国科学院精准扶贫评估研究中心主任刘彦随研究员及其研究团队对上述存在的问题有长期和深入的研究。

那么，改革开放以来中国农村减贫政策的演变历程如何？又有哪些制度创新？所取得的成就如何？未来的挑战和应对策略是什么？在中国农村改革40周年之际，带着这些问题，我如约对刘彦随研究员进行了专访。

（苏保忠）

苏保忠：刘老师，您好！我们都知道，我国中央政府对扶贫开发工作高度重视。那么，您能否介绍一下，我国的扶贫开发工作是从何时开始的？

刘彦随：的确，扶贫开发是我国一项长期而重大的任务，中国政府一直都很重视。可以说，自1949年中华人民共和国成立以来，中国政府就承诺要消除贫困，并一直坚持不懈地与贫困作斗争。

苏保忠：就我们的扶贫开发政策而言，它与我国的农村改革又是什么关系呢？

刘彦随：是的。减贫成就的取得离不开一系列的政策和制度改革。中国的农村改革和减贫是相互联系、相互促进的，减贫与发展的内涵、策略和模式也随时间不断变化。

苏保忠：改革开放前后我国实施的扶贫开发政策一样吗？

刘彦随：不一样。

苏保忠：那您能否介绍下，从中华人民共和国成立到改革开放前夕，我国的扶贫开发政策？

刘彦随：1949—1977年，我国的扶贫政策是计划经济下的救济式扶贫。在中华人民共和国成立的最初几年，农村发展缓慢。连年战乱和频繁的自然灾害导致我国贫困现象非常普遍。那时，中国反贫困的主要目标是满足居民的基本生活需求，主要措施是通过财物补助和物资援助保障居民基本生活，这是一种典型的输血式扶贫。在这期间，中国先后进行了土地改革并实行人民公社制度。由于人民公社均田制的分配方式，农村贫富差距扩大有所缓解，绝对贫困也暂时减少。但是对于大多数贫困人口来说，这种政策只能起到一时的作用，无法真正刺激贫困群体的内生活力。同时，国家实行了粮食、棉花和糖料的统购统销制度，及工农产品价格剪刀差。另外，户籍制度造成的城乡隔离，大大阻碍了农村劳动力的流动，进一步加剧了贫困程度。

1978 年，农民人均纯收入只有 134 元，大约 2.5 亿的农村人口生活在贫困线以下，贫困发生率为 30.7%。

苏保忠：1978 年改革开放后，我国的扶贫开发政策又发生了什么变化？

刘彦随：相比改革开放前，改革开放后的扶贫政策发生了很大变化，从救济式扶贫转变为用结构改革促进减贫，这一扶贫政策延续到了 1985 年。在实行对外开放政策之前，农村贫困的主要原因是制度安排不合理。国家也渐渐意识到只有制度改革才能促进农村经济社会发展和减少贫困。农村体制改革主要包括两个方面：第一是实行家庭联产承包责任制，代替人民公社制度。这次改革赋予了农民土地承包权，并点燃了农民种植土地的激情，农业产出和农民收入显著增加；第二是农业对外开放，这为建立市场经济体系奠定了基础。80 年代中期，乡镇企业的快速发展打破了单一的农业投资方式和就业模式，并改善了农村经济结构。在此期间，农村剩余劳动力开始向非农部门转移，农民收入来源也日渐多元化，有效缓解了贫困状况。这些改革推动了国民经济发展，贫困农民也因此从农产品价格补贴、农产品结构优化和非农就业中受益。所以，这段时间的结构改革极大地降低了农村贫困程度。根据国家统计数据，1978—1985 年，人均粮食产量增加了 14%，农民人均纯收入从 160.7 元增长到 397.6 元，农村贫困人口数量从 1978 年的 2.5 亿下降到 1985 年的 1.25 亿。

苏保忠：随着 1992 年我国市场经济体系的逐渐建立，减贫政策又发生了什么变化？

刘彦随：得益于制度改革和对外开放，农村经济迅速发展，但是，东部和中西部农村发展不平衡的问题开始出现。80 年代中期，为了进一步缓解贫困，中国政府成立了专门的扶贫机构，即国务院贫困地区经济发展领导小组，1993 年改为国务院扶贫开发领导小组。随后，各省、自治区和直辖市也都成立了相关机构来负责扶贫开发工作。同时，国家建立了贫困县制度，并安排专项资金和扶贫政策对其进行帮扶。自 1992 年市场经济体系逐渐建立，这一时期的扶贫政策可以概括为发展导向的减贫政策。在国家和地方政府的努力下，贫困人口数量从 1986 年的 1.25 亿下降到 1993 年的 8 000 万。

苏保忠：对于减贫政策无法惠及的是中西部偏远山区的贫困人口，我国政府采取了什么样的减贫政策？

刘彦随：随着农村改革的不断深入和发展导向扶贫政策的长期影响，农村贫困人口大大缩减。但是，剩余的农村贫困人口大多集中在自然条件恶劣、基础设施差和公共服务设施缺乏的中西部偏远山区。因此，扶贫开发工作进入了一个新阶段。面临艰巨的扶贫任务，政府实行了"八七"扶贫计划，准备用七年的时间，也就是从 1994—2000 年，帮助剩余的 8 000 万贫困人口解决温饱问题。这是历史上第一个有明确对象、目标、措施和期限的扶贫项目。1997—1999 年，国家如期解决了剩余 8 000 万贫困人口的温饱问题。2000 年，计划的目标已经实现。1994—2000 年，国家贫困县的农民人均纯收入增加了 38%。通过各级政府的努力，中国农村贫困人口从 1994 年的 5 858 万下降到 2000 年的 1 710 万。

苏保忠：进入 21 世纪，我国的扶贫开发政策发生了怎样的变化？采取了哪些减贫措施？

刘彦随：2001 年，我国制定并实施了《中国农村扶贫开发纲要（2001—2010）》，将减贫工作的重点从县级转移到村级。根据生产状况、生活条件和农民健康教育情况，国家确定了 14.8 万个贫困村庄，并实行整村推进计划以实现基础设施建设、社会服务和文化教育的协同发展。2001 年，中国进行农村税收改革以降低农民负担。2003 年，新型农村合作医疗保险政策开始实施，以防止农民因病致贫。2006 年，中国取消了存在数千年的农业税。为了促进农村经济发展和改善农村环境，中国在 2006 年提出社会主义新农村建设。2007 年，国家实施农村最低生活保障制度。为了缩小城乡差距，2008 年政府制定并实施城乡一体化发展战略。得益于这些政策和措施，2001—2010 年，共有 6 734 万人口脱离贫困。根据 2010 年的国家贫困标准，农村贫困人口减少到 2 688 万，贫困发生率为 2.8%。为了进一步减少农村贫困，国家制定了最新的《中国农村扶贫开发纲要（2010—2020)》，将 14 个连片贫困地区作为新时期反贫困斗争的堡垒。纲要也制定了 2020 年农村贫困人口食物、衣着、义务教育、基本医疗和住房安全的保障目标。

苏保忠：精准扶贫战略是当前我国反贫困斗争的基本政策，相比之前的扶贫开发政策，精准扶贫政策机制的创新性体现在哪里？

刘彦随：精准扶贫战略是在 2013 年提出的。党的十八大以来，习近平总书记非常重视扶贫开发工作，并提出了一系列新思想、新要求。为了使剩余贫困人口在 2020 年如期脱贫，2013 年，国务院发布了《关于创新机制扎实推进农村扶贫开发的意见》，提出要建立精准扶贫机制，为新时代中国扶贫开发工作指明方向。意见要求当地政府要建立扶贫精准识别机制，为每一个贫困农村和家庭建档立卡，实行动态管理，以确保扶持政策真正惠及贫困人口。这就是机制的主要创新之处，也就是动态识别贫困村庄、动态识别贫困家庭、动态识别贫困人口。

苏保忠：在具体实施的过程中，政府是如何识别贫困村庄、贫困家庭和贫困人口的？

刘彦随：对于贫困村庄，识别基准为其贫困发生率必须高于所在省份的两倍。2013 年的识别基准是贫困农村农民人均纯收入低于该省平均值的 60%，且没有集体经济收入。对于贫困家庭的精准识别，2013 年国家贫困标准为 2 736 元。2014 年上半年，国家组织了 80 万人口大调查来确定贫困家庭和贫困人口。目前，我国共有 12.8 万个贫困村庄，2 948 万个贫困家庭和 8 962 万个贫困人口。根据这种识别机制，可以清楚了解贫困人口的分布和致贫原因。2015 年 8 月到 2016 年 6 月，国家组织了将近 200 万人参与的再识别调查，大约有 807 万人口被再次确定为贫困人口，而先前的调查导致 929 万人被误认为贫困人口，这次识别后将其剔除。2017 年 2 月，国家对在 2016 年被识别为非贫困的人口进行了再次确认。从 2017 年 6—8 月，国家实行了对贫困人口的动态识别机制。精准识别保证了我国反贫困工作的精准性。在此基础上，扶贫措施和相应地帮扶资金也已到位。另外，2015—2016 年，各地共向贫困村派出驻村干部 54 万多人，全国还选派了 18.8 万名优秀干部到贫困村和基层党组织薄弱村担任第一书记，以提升带动群众脱贫能力。

苏保忠：除了动态识别贫困村庄、贫困家庭和贫困人口，还有其他的创新之处吗？

刘彦随：为了提高帮扶工作的有效性，国家建立了针对各级部门的第三方扶贫开发工作评价体系。评价体系包括精准识别和精准帮扶、减贫成效和扶贫资金使用。另外，国家也建立了贫困人口、贫困村庄和贫困县退出机制。同时，国家也在探索并建立资产收入扶持体系（asset income support system），以确保无劳动能力的贫困人口可以从其所拥有的资产中获取收入，其目标在于将细碎的、零散的和长期不用的资源（sleeping resource）转化成资产。地方政府也设立了专项资金来帮助部分贫困人口参与到大型家庭农场、合作社和农业龙头企业的生产和管理活动中，从而增加其产权收入。

苏保忠：为充分有效地实行精准扶贫战略，国家出台了哪些相关的政策和措施？

刘彦随：2013 年开始，各级部门均实行精准扶贫战略，并将消除贫困作为一项政治任务和信仰。减贫的压力和责任从最上层转移到最下层，并渐渐地形成了省、市、县、乡镇和农村共同努力的减贫氛围。相关的政策和措施也已出台，包括"六个精准""五个一批"和"六项行动"。"六个精准"就是扶贫对象精准、措施到户精准、项目安排精准、资金使用精准、因村派人（第一书记）精准、脱贫成效精准；"五个一批"是指发展生产脱贫一批、异地扶贫搬迁脱贫一批、生态补偿脱贫一批、发展教育脱贫一批、社会保障兜底一批;"六项行动"包括教育扶贫行动、健康扶贫行动、金融扶贫行动、劳务协作对接行动、革命老区百县万村帮扶行动、民营企业万企帮万村行动。

苏保忠:精准扶贫政策的效果体现在哪些地方?

刘彦随:精准扶贫政策极大地改善了农村贫困人口的面貌。根据国家统计局数据,农村贫困人口数量从 2013 年的 8 249 万减少到 2016 年的 4 335 万,贫困发生率从 8.5% 减少到 4.5%。贫困地区农民收入增长幅度也超过全国农村平均水平,而且贫困地区农村居民和全国农村居民的收入差距也在缩小。2013 年,贫困地区农民人均收入为 7 653 元,比全国平均水平高 2.9%。另外,贫困地区基础设施建设和公共服务也不断改善,城乡差距逐渐缩小。

苏保忠:精准扶贫战略的有效实施,面临着哪些新挑战?

刘彦随:中国的扶贫开发是世界减贫行动的重要组成部分,所取得的成就也吸引了全世界的关注,对最贫穷国家具有借鉴意义。但是,在缩小城乡和地区收入差距方面仍面临着前所未有的挑战,主要体现在以下几个方面:

第一,扶贫开发工作进入攻坚拔寨冲刺期。中国的贫困问题仍然严峻,而且越来越难以依靠传统的扶贫政策和措施来解决,因为慢性贫困和长期贫困并存、区域性贫困和分散性贫困并存。此外,贫困地区自然灾害频发,应对能力不足,这都会增加扶贫工作的难度。再者,疾病冲击成为农村居民贫困的主要原因,而且因疾病导致的贫困人口比例逐渐增加。总之,区域贫困没有从根本上发生变化。

第二,贫困人口识别需要更加精准。尽管已执行多次识别,但是仍有大量的边缘或脆弱人口没有被包括在内,一旦发生外部冲击,他们很容易陷入贫困。通常情况下,通过单一指标很难确定其是否贫困。另外,识别贫困的标准是一个家庭能否稳定地获得食物和衣着,或者完成九年义务教育、享受基本医疗服务和保障住房安全,或者人均年纯收入是否低于贫困线。但是,由于各地区之间贫困标准不一致，识别结果也不同。更重要的，区域发展水平也存在差异，所以在相对发达省份识别的贫困人口放在贫困省份，未必是贫困人口。

第三，当前的扶贫机制可能导致新的社会不平等。当前的扶贫工作，包括帮扶资金投入和驻村干部，主要针对贫困地区的贫困村庄和贫困家庭，而非贫困地区的贫困家庭通常被边缘化。同时，非贫困人口，特别是边缘群体，无法得到帮助。统计数据表明，41%的贫困人口分布在非贫困村庄，45%的贫困人口分布在非贫困县。另外，还有许多已经脱离贫困的人口却仍然同贫困人口一样享受着扶贫政策，这将导致贫困人口越来越富，而边缘人口越来越穷，从而引起新的社会不平等。正如古语所说"不患寡而患不均"。

第四，维持减贫、发展和生态保护之间的平衡是一项潜在挑战。2011年6月，国务院公布了《全国主体功能区规划》，将国土空间分为优化开发区域、重点开发区域、限制开发区域和禁止开发区域四类。限制开发区域包括全国农业产区和重要生态功能区。在这些地区，大规模城镇化和工业化会受到限制。但是重要生态功能区和连片贫困地区存在高度重叠，这给扶贫开发工作带来了严峻挑战。据估计，超过50%的贫困地区，大约220万千米^{2}的土地，居住着3 400万的贫困人口；在限制开发区域的范围内，大约386万千米^2，占全国陆地国土面积的40.2%。另外，国家生态补偿机制的补偿价格较低。私有和村集体所有林的每亩补偿标准从2010年的10元增加到2013年的15元，但是随着国家贫困线的提高，这无法使贫困地区的贫困人口脱离贫困。

第五，农村空心化和人口老龄化问题越发严重。随着城镇化快速发展，2.74亿的转移劳动力因为户籍制度限制而无法享受到相应的社会保险。2010年人口普查数据显示，留守在农村的老年人超过5 000万，女性超过4 700万，儿童超过6 100万。更严重的是，2014年，农村老龄化率达到15.5%，远超过城镇地区，更高于国际水平（10%）。农村老年贫困发生率比城镇地区高3倍还多。过去10年，农村空心化发展迅速。毫无疑问，人口老龄化和农村空心化将会导致经济增长动力不足，从而为贫困减少带来新挑战。

第六，返贫现象仍然普遍。农村贫困家庭通常生活在环境恶劣、生活条件差和再贫困发生率高的偏远地区，已脱离贫困的家庭会因为自然灾害、重大疾病和经济波动很容易再次陷入贫困。返贫率是指在特定时期和地区，已脱离贫困的人口再次陷入贫困的比例。官方数据显示，2008 年有 66.2% 的贫困人口在 2009 年脱离贫困，而 50.5% 的贫困人口又在 2010 年陷入贫困。"十一五"期间，西北地区的返贫率达到 15% ~ 25%，主要是由自然灾害造成的。

第七，反贫困是一个系统工程。十九大报告指出，中国已进入新时代，但仍然面临着诸多艰巨任务：扶贫开发、城乡发展不平等以及就业、教育、健康、住房和养老问题。剩余的贫困人口逐渐向偏远的荒漠化山区集中，而且农村贫困的"孤岛效应"开始显现。幸运的是，政府非常重视贫困问题并承诺打赢这场扶贫攻坚战。十九大报告中强调了集中解决深度贫困地区贫困问题的任务，并提出乡村振兴战略。深度贫困地区主要集中在西藏、四省（四川、云南、甘肃和青海）藏区、南疆四地州和四川凉山彝族自治州、云南怒江傈僳族自治州、甘肃临夏回族自治州。国家将继续实行精准扶贫战略，并重点关注精神贫困，从而确保 2020 年所有农村贫困人口全部脱贫。

苏保忠：我们应当如何面对这些新挑战，以如期完成 2020 全面脱贫的宏伟目标？

刘彦随：我认为可以重点从以下几点出发：第一，差异化的和精准的扶贫战略需要深入探索并执行。不同区域在自然条件、经济社会状况、历史背景和宏观经济政策上存在差异，所以贫困成因和程度也会有所不同。精准扶贫战略既要考虑贫困地区，也要考虑非贫困地区的贫困人口和贫困农村。有效的扶贫政策应将个人、地方政府和中央政府统筹考虑。中央政府需要科学地制定区域性的和差异化的反贫困计划。当地政府应该充分利用贫困地区的后发优势，并深入推进农业供给侧改革，以提高扶贫政策的有效性，补齐农村短板。贫困个体需要充分激活自己的发展潜能和内生动力，同时避免个人陋习。反贫困也要关注精神脱贫，并通过教育对贫困人口进行智力培养，这是切断贫困代际传递的一个重要路径。

第二，未来的扶贫开发工作应集中在居住大量极端贫困人口的深度贫困地区。这些地区居住环境极差、生态脆弱、自然灾害频发、贫困成因复杂、基础设施和公共服务不完善。必须找出深度贫困的主要原因，并采取针对性的扶贫政策。相关的政策和资金应向深度贫困地区倾斜。包容性政策和专项政策缺一不可。对于有一定劳动能力的贫困人口，相关政策可以为其提供能力创造项目（capacity-building project）或专业技能培训，从而帮助其提高自我发展能力。对于丧失劳动力的贫困人口（包括老年人、残疾人和长期卧病的人），社会保险制度是最后的保障。对于生态环境脆弱、自然灾害频发的偏远山区，就需要异地扶贫搬迁政策。

第三，全面建成小康社会也需要关注城市贫困。不仅解决农村贫困仍需努力，城市贫困问题也越发明显。目前还没有测量城市贫困的统一标准。如果运用人均 1.90 美元的国际贫困标准，2013 年中国城市贫困人口为 368 万，占城市总人口的 0.51%。因此，减少城市贫困应该出现在 2020 年以后的反贫困日程中。

第四，生态保护、减贫和发展同样重要。政府应探索建立资源有偿使用和生态保护补偿制度。异地扶贫搬迁，作为精准扶贫战略的一项重要措施，应该建立在充分的科学研究和规划基础上，并充分尊重农民意愿。贫困地区基础设施建设应充分考虑当地人口结构和经济发展需求。

第五，劳动力转移的减贫作用应得到更多重视。农村劳动力向城镇转移对农民收入增加和经济发展，以及贫困地区生产和生活转型具有一定的贡献。根据实际调查，工资收入是贫困家庭收入结构中的主要部分。转移劳动力的工资收入具有显著的减贫作用。因此，为农村劳动力提供制度性支持，并为其在临近或当地城市市民化提供支持非常关键。

第六，贫困地理学（poverty geography）的研究和政策效果评估理应得到重视。贫困是人类和土地关系不平衡的表象之一。联合国《2030 年可持续发展议程》的首要目标就是在 2030 年消除极端贫困。十八届五中全会将 2020 年农村贫困人口实现脱贫、解决区域性整体贫困，定为扶贫攻坚总目标。这个目标与联合国可持续发展议程目标以及联合国千年发展目标一致。为了实现联合国 2030 年可持续发展目标，中国需要重点研究贫困的区域性分布、贫困的成因和动力、减贫的方式和效果以及减贫成功的经验。2020 年实现全面脱贫以后，在新时代背景下如何完成贫困减少的目标值得深入研究。

专题十二

改革开放以来的中国农村能源政策

何凌云　　1975 年生人。现任暨南大学经济学院教授，教育部新世纪优秀人才，入选北京市社科理论人才百人工程（2011 年度）。主要研究领域：能源经济与环境政策、计算经济学、复杂系统与复杂性理论，应用和方法等。担任世界计算经济学会会刊 *Computational Economics* 副主编、编委、客座主编，*Fractals* 共同主编、编委，*Emerging Markets Finance and Trade* 客座主编等。兼任加拿大卡尔加里大学、澳大利亚麦考瑞大学、俄罗斯友谊大学、北京理工大学能源与环境研究中心、中国农业大学、南京信息工程大学等国内外著名大学的兼职 / 客座教授，中国优选法统筹法与经济数学研究会理事、能源经济与管理研究分会常务理事，国际能源经济学会中国委员会理事等学术职务。

观点摘要 >>>

1. 经济贫困是能源贫困的关键驱动因素和必要条件之一，但不是能源贫困的唯一原因。经济贫困和能源贫困同属于贫困的范畴，在关注我国农村经济贫困的同时，不应忽视我国农村的能源贫困问题。

2. 中国农村能源政策的重点应该是解决严重依赖固体燃料，以及部分居民无力负担清洁能源的问题，这也是中国能源贫困的主要特征。

3. 改革开放 40 年来，中国农村地区的能源改革成就明显：农村地区的通电率达到 100%；能源商业化水平有所提高，清洁能源的使用份额增加；国内能源基础设施明显改善。

4. 当前农村地区的能源贫困问题依然突出：农村地区的能源结构仍以低质量能源为主；农村地区的能源使用与城市的总体能源使用存在明显的差异；人均清洁能源消费低于城市和发达国家，能源低水平消耗；低收入群体对清洁商业能源的负担能力较低。

5. 能源贫困会产生许多负面影响：能源贫困易导致室内空气污染，危害人民健康；能源贫困加剧了性别不平等，剥夺了儿童获得教育的机会；能源贫困降低了劳动生产率。

6. 当前我国农村地区的能源改革面临着诸多挑战：老年人的比例过高，而他们往往会非常节俭；收入增长放缓，抑制了商业能源需求的增长；农村地区的天然气基础设施建设过程非常缓慢，且成本很高；居民对能源贫困的重视程度远未令人满意；处理木柴和稻草的方法很少，扔掉它们是一种浪费；传统的生活方式在短期内很难改变。

7. 为推进我国农村的能源政策改革，可以采取以下可行的措施：坚持扶贫政策，确保农民的负担能力逐步提高；加快基础设施建设；坚持"煤改清洁能源"政策，改善供热供应；加强教育，提高环境意识；规范能源的使用行为；将秸秆和燃料木材商业化，以提高其利用效率。

能源动力是人类社会赖以生存的重要物质基础之一，也是世界各国社会发展和经济增长的最基本驱动力。能源贫困是发展中国家贫困的重要标志，也是世界性难题。因此，国际社会对能源贫困问题的研究给予了高度重视。

2017年，中国农村地区常住人口总数约为5.77亿人，占总人口数量比例为41.5%。可见，农村地区的能源生产与消费是我国能源战略的重要组成部分。由于农村居民的能源使用与贫困问题关系密切，因此，解决能源贫困问题，不仅有利于推进农村能源革命和环境保护，还有利于消除农村贫困，促进经济社会可持续发展。

改革开放40年来，经济飞速发展给我们带来各种福祉，同时也带来新的能源挑战。特别是随着城市化和工业化发展进程的加快，农民生产生活对现代能源的需求也在不断扩大。然而，中国是一个人口大国，人均能源资源有限，因此，尽管各级政府一直在推出帮扶农村的各种政策措施，中国农村能源贫困问题依然存在。

暨南大学的何凌云教授及其研究团队对能源问题有较为长期的研究和积累，其研究成果发表在 *Energy Policy* 和《经济研究》等多个国内外重要期刊上均有发表，并产生了重要学术影响。

农村能源政策的重点是什么？改革开放以来中国农村能源政策经历了怎样的改革历程？当前中国农村能源改革面临哪些挑战？未来的政策方向如何？在中国农村改革40年之际，带着这些问题，我对何凌云教授进行了采访。

（马　铃）

马铃：何老师，您好！请您给我们介绍一下，中国农村能源贫困有哪些特点？它与经济贫困有何联系？

何凌云：在过去的 40 年里，中国的农村能源改革可以说是一个与能源贫困斗争的过程。当然，其主要目的是减少能源贫困和农村环境污染。能源贫困主要有三个特点：第一，能源可消费总量相对较低，仅能满足基本日常生活需要。第二，能源结构的质量也相对较低，突出表现是缺乏清洁能源服务（如电力、天然气），以及诸如木柴、稻草、煤炭等传统生物质能源等低能耗固体燃料的过度消费。第三，能源价格相对偏高。农村地区人均收入较低，同时提供能源的机构较少。这表明，即使为农村提供昂贵的清洁能源，农民承担的经济负担也比较大。

能源贫困不仅是一个与能源和贫困有关的问题，也是一个可持续发展的社会经济问题。一般来说，能源贫困状况反映了一个国家或地区的经济发展、居民健康和社会公平。一个流行的观点是，在经济贫困和能源贫困之间存在着"贫困陷阱"：经济贫困导致能源贫困，反过来又加剧了经济贫困。然而，经济贫困是能源贫困的关键驱动因素和必要条件之一，但不是能源贫困的唯一原因，经济贫困和能源贫困都属于贫困的范畴。

马铃：请您简单介绍一下目前中国农村能源贫困的情况？

何凌云：中国深受能源贫困的困扰，尤其是在农村地区，消除能源贫困本身就是减少贫困。近年来，中国扶贫工作取得了巨大进展，贫困人口显著减少。截至 2017 年，按照每人每年 2 300 元（2010 年的固定价格计算）的标准，我国农村的贫困人口已减少至 4 350 万人。中国政府制定了精准扶贫战略，确立了到 2020 年全面消除贫困的宏伟目标。同时，政府实施的一系列能源政策也取得了很大的成效，比如，我国农村地区的通电率已达到 100%。此外，能源商业化显著增强；清洁能源的使用比例显著提高；能源使用设施总体上得到了提升。

中国农村能源政策的重点应该是解决严重依赖固体燃料，以及无力负担部分居民清洁能源的问题。这也是中国能源贫困的主要特征。尽管目前中国的电力服务覆盖范围已相当普遍，但固体燃料在居民能源消费结构中仍然占有相当高的比例，这对公共健康造成了严重的不良影响。全球疾病负担研究所（Global Burden of Disease Study，GBD）报告显示，中国有近 60 万人由于空气污染而过早死亡，占到中国过早死亡总人数的 9.44%。

在农村能源政策的制定过程中，中国还面临着不同于其他发展中国家的特有的挑战，包括区域经济发展不平衡、大规模能源贫困人口、人口老龄化严重、居民对环境的认知水平低、能源基础设施建设支出过高。因此，迫切需要制定能够有效消除能源贫困的战略，为中国各地区的经济和社会发展奠定基础。

马铃：改革开放 40 年来，中国在农村能源改革方面取得了哪些成就？

何凌云：农业是国民经济发展的基础。推进农村能源改革，是提高农业生产率、提高农民收入、建设社会主义新农村、实现城乡统筹、平衡发展的动力源泉。经过中国政府多年的农村能源改革，我国农村地区的能源使用情况得到了显著改善。

第一，农村地区的通电率达到 100%。

中国政府一直致力于电力的普及服务。1990 年，中国农村的通电率达到了 88%，这在当时发展中国家已是相当高的水平。与此同时，中国仍然受到陈旧的电力供应设施、巨大的电力传输损耗、高频率的电力配给、混乱的农村电力管理以及农村电力价格过高等困扰。尽管当时农村居民开始使用上了电，但农村地区的电力配给存在薄弱环节，中国仍然存在总电量不足的问题，而且在跨地区输电和配电方面也很弱，农村地区的电力供应不足以保证工业生产和城市居民正常电力需求。

有鉴于此，中国政府在 1998 年、2010 年和 2016 年启动了三次大规模的电网建设和改造工程，解决了近 4 000 万人无法用电的问题。到 2015 年，中国农村地区的通电率已达到 100%，城市和农村地区的电价也实现了统一。目前，中国政府仍在高度关注电力的持续、稳定供应。由于自然灾害的偶有发生和工业用电的激增，各级政府都把确保满足居民的电力消费放在首要位置，这与 20 世纪优先保证工业区和城市地区电力供应的情况有所不同。

第二，能源商业化水平有所提高，清洁能源的使用份额增加。

在我国大多数农村地区，由于家庭联产承包经营制度的实施，农业生产的迅速发展为家庭提供了足够的稻草和秸秆。为了提高农民的生活水平和环境，中国政府从那时起就开始积极促进商业能源的发展。目前，煤炭和电力在广大农村地区广泛使用，液化天然气也已经可以供应到城镇附近的大多数村庄。得益于大规模的农村电网改造和建设，我国农村人均商业能源消费自 2003 年以来呈现出强劲的上升趋势。为了防止空气污染，北京市政府实施了在周边农村地区用天然气替代煤炭的政策，所有村庄都要求使用天然气。

农村地区人均电力消费量持续增长。2016 年我国人均电力消费量达到近 600 千瓦，农村地区烹饪活动中固体燃料的比例出现明显的下降。2000—2010 年，作为主要能源消耗的固体燃料在农村地区下降了 17%。同时，农村地区使用生物质燃料做饭的家庭所花费的费用要比使用电做饭的家庭所花费费用更多。

中国政府还不遗余力地支持农村地区可再生能源产业的发展。2014 年，中国对可再生能源和其他燃料的投资已位居世界第一。2013 年，中国（不包括台湾地区）新增风动力安装（16 089 兆瓦）和风动力总和（91 413 兆瓦）均位居世界第一。与此同时，甲烷项目和太阳能发电也在顺利进行中。2012 年，有 42.42 万个家庭在使用甲烷，这使得天然气的生产增加了 1 378 亿米^3。2012 年，我国太阳能热水器的使用数量已达到了 3 572 万台。

第三，国内能源基础设施明显改善。

中国一直致力于推广改良炉灶，以提高燃料的使用效率，降低固体燃料带来的健康风险，改善农民的生产和生活方式。1980 年，中国发起了世界上最大的国家改良炉灶项目（NISP），并成功推广了约 1.8 亿个改良炉灶。2010 年，中国已有 1.3 亿的家庭配备了精制炉灶，占整个农户家庭总数的 50%。此外，新增加 3 570 万台太阳能热水器、632 万米^2 的热收集区。中央和地方政府以及农村居民，在这些方面投入了大量资金。2012 年，对沼气、节能炕、太阳能热水器和生物质能源的投资达到了 77 亿美元。由于中国政府的消费电子补贴计划和稳定的电力供应，农村地区申请这一补贴的家庭比例相当高。

马铃：我国农村地区能源贫困具体体现在哪些方面呢？

何凌云：主要体现在四个方面。第一，固体燃料仍然是做饭和取暖的主要能源，能源结构以低质量为主。农村地区家庭能源消耗主要用于做饭、取暖和照明。其中，做饭和取暖主要使用固体燃料（通常是生物质和煤），而这种能源结构与城市地区的结构截然不同。根据中国健康与养老追踪调查（China Health and Retirement Longitudinal Study，CHARLS）的数据显示，我国农村地区 70% 以上的家庭依靠生物质能源和煤来做饭，而城市地区只有 15%。2016 年在河北和山东进行的一项调查显示，在农村地区，高达 79% 的家庭仍在使用传统的自建炉灶。中国北方农村近 80% 的家庭依靠烧散煤取暖。

虽然家庭照明已基本实现光电，但白炽灯泡仍然是主要的照明工具，节能灯泡的普及率较低。具有讽刺意味的是，世界 80% 以上的节能灯泡都是在中国生产的，但中国的节能灯普及率却不到 20%。一般来说，如果政府不强力禁止白炽灯使用，即使有一项促进节能的政策，用节能灯泡替代白炽灯泡的进程也会相当缓慢。

第二，中国农村地区的能源使用与城市的总体能源使用情况有所不同。

农村地区的人均煤炭消耗量明显高于城市地区；与城市相比，农村地区天然气的消耗量几乎可以忽略不计。不同地区的煤炭消耗量差异非常大。一般而言，北方农村居民消耗的煤最多；东部农村居民消耗了大部分的电力和天然气。

此外，农村自来水厂和公共卫生事业发展不平衡状况也很明显。在中国西部，仍有 51.7% 的居民没有配备洗澡设施。拥有水冲式厕所的农村居民仅占农村总人口的 19.4%，而在中国东部农村，这一比例达到了 41.3%。

第三，人均清洁能源消费低于城市和发达国家，能源低水平消耗。

尽管中国已被视为一个中等收入国家，但与美国等发达国家相比，人均家庭清洁能源消费仍相对较低。中国的家庭清洁能源消费仅占美国的四分之一。人均清洁能源消费虽然高于世界平均水平，但仅为美国的七分之一。

在中国农村，冷饭在夏天并不罕见，因此一些家庭每月的用电量甚至要低于 10 千瓦时。根据对山东和河北农村地区的 618 户家庭能耗的调查，近 5% 的人每天只准备一份新菜，91.75% 的家庭每天只准备两份新菜，能源消耗是次要的。在冬天，将近 7.56% 的人不依赖供暖。一些家庭虽然配备了供暖设备，但只会在 1 ~ 2 个月的短时间内供暖，这显然与政府规定的室内温度在供暖季节不低于 18℃ 的规定相去甚远。大约 73% 的家庭选择用电风扇降温，25% 的人自然降温，只有 5.8% 的人会经常使用空调。

第四，低收入群体对清洁商业能源的负担能力较低。

一般来说，贫困居民的收入会很低，他们几乎买不起清洁商业能源。按人均收入低于 3 100 元为低收入家庭，我们计算了当电力、天然气和液化石油气达到全国平均水平（分别为 600 千瓦时、50 米^3、250 千克）时消耗的燃料成本，贫困居民的燃料支出占其总收入的 21%。一些农民倾向于使用成本较低但污染严重的燃料，以节省燃料支出。农村地区的能源消费对能源价格也相当敏感，因为价格的小幅上涨会导致能源消费大幅下降。

此外，农村地区一直被空心化现象和老龄化问题所困扰。留在村里的人通常是老人和孩子，他们总是倾向于使用传统的低成本、高效率、高污染的炉灶。此外，一些先进的设施要求对用户的知识需求较高，而留在农村的农民所具备的使用和维护这些设施的能力较低。

马铃：农村地区能源贫困会产生哪些负面影响？

何凌云：一是能源贫困易导致室内空气污染，危害人民健康。目前，我国农村能源政策重点是关注农村发展和农民的健康和福利。然而，在低效率炉灶中不充分的燃烧固体燃料会产生大量的有毒污染物，如一氧化碳、一氧化氮、硫氧化物和固体颗粒，这可能会增加肺癌、慢性阻塞性肺病等疾病的发病风险。中国农村部分地区居民的高死亡率与家庭固体燃料的过多使用密切相关。与高收入国家相比，中国因固体燃料造成的健康问题更严重。最近一项基于大规模数据集的研究表明，与非固体燃料相比，固体燃料（煤和木柴）的使用显著增加了慢性肺部疾病发病（30%）、慢性肺部疾病恶化（95%）、心脏病发作（1.80 倍）的可能性。使用清洁燃料也可以有效地提高居民的健康水平。研究表明，与使用木柴的人相比，使用电和天然气做饭的居民，他们认为自己的健康状况良好的可能性会更高。

二是能源贫困加剧了性别不平等，剥夺了儿童获得教育的机会。家庭固体燃料的使用不仅会带来严重的健康风险，还会加剧性别不平等，同时对儿童的教育产生负面影响。尽管女性更倾向于使用更健康、更清洁的燃料做饭，但她们无法决定是否购买这些燃料。收集燃料的繁重工作占用了妇女的大量时间，阻碍她们参加教育培训、工作和其他有报酬的生产活动。更糟糕的是，她们面临着被伤害的风险。

一项针对中国贫困地区农民的室内活动时间分配的调查显示，女性平均每周要花 26 个小时来收集柴火和烹饪，而男性平均每周在这方面花费的时间仅为 9 个小时。与使用固体燃料的人相比，那些用现代燃料做饭的妇女患慢性肺部疾病或急性心脏病的可能性大大降低，而且她们的健康状况更有可能比那些使用固体燃料的人健康。孩子们也帮助他们的母亲做一些家务，比如收集柴火和做饭。当父母外出工作时，这样的家务活儿很快就会成为孩子们的任务。因此，许多孩子，尤其是女孩，不能按时上学甚至辍学。一项研究还表明，使用固体燃料家庭的儿童课外智力活动也会下降 9%。2015 年，在贫困地区 17 岁以下的儿童中，有 1.1% 的人会辍学，其中 3.9% 的辍学儿童应该归咎于缺乏家庭劳动。

三是能源贫困降低了劳动生产率。由于燃烧效率低，使用传统生物质燃料、炊具和炉具浪费了大量时间，同时，收集燃料也很耗时，阻碍了使用者参与其他生产活动。再者，固体燃料产生的有毒污染物使使用者无法参与高强度和长期工作。正如普遍认为的那样，工作效率和时间将受到限制，并且没有足够的光照强度和光照时间。普遍的电力供应使学习和工作时间延长到了晚上，同时提高了工作效率，也保护了视力。

除了上述影响，能源贫困还涉及森林砍伐、生态环境恶化和社会经济发展的其他方面。

马铃：上述负面影响说明农村能源改革是十分必要的。那么，当前我国农村地区的能源改革面临的挑战有哪些呢？

何凌云：第一，老年人的比例过高，而他们往往会非常节俭。

随着工业化和城市化的加快，我国农村贫困地区的劳动力转移比例逐年递增。2015 年，中国有 2.77 亿农民工，其中 82.1% 是年轻人。大量农村劳动力转移到城市地区，特别是伴随着年轻人的加速外流，农村地区的空心化和老龄化现象加剧。一项山东和河北农村地区的家庭能源消费调查显示，农村居民平均年龄为 46.9 岁（而全国居民平均水平为 37.8 岁）。使用木柴、秸秆和煤等固体燃料的居民平均年龄为 48.8 岁，而使用天然气和电力等清洁能源的居民平均年龄为 44.6 岁。向农村居民推广清洁能源是相当困难的。首先，他们受教育程度低，没有什么兴趣和能力接受新事物，更不用说改变他们多年的生活方式了。2015 年，在贫困地区的劳动力中，有 8.3% 的劳动力完全或几乎文盲，有 34.7% 接受过基础教育，45.7% 的劳动力接受过初中教育，11.3% 的劳动力接受过高中以上教育。其次，他们中大多数人的收入都是有限的，而使用电力或天然气仍然是相对较高的支出。此外，他们往往分开居住，甚至在一些偏远地区，交通不便，这也阻碍了减少能源贫困措施的实施。

第二，收入增长放缓，抑制了商业能源需求的增长。

过去 30 年多年的扶贫成就，应归功于经济的持续快速增长。自从中国经济进入"新时期"以来，经济增长速度已经从高速向中高速转变。贫困人口的劳动成本和就业门槛都相应提高，而农民的收入增长速度将放缓，能源需求的增长速度也将大幅下降。从中国农民收入分配的角度看，外出务工收入是他们全年收入的一个重要来源。经济增长放缓将给农民工的收入增长带来压力。此外，农村地区商业能源的渗透率仍然很低，需要通过收入来刺激商业能源的消费。低且不稳定的收入将使农村居民缺乏长期承受油价飞涨或波动的能力。2012—2015 年，农村地区清洁能源的建设比例逐步从 0.9%下降到 0.3%，这意味着清洁能源投资正在被边缘化。

第三，农村地区的天然气基础设施建设过程非常缓慢，且成本很高。

目前，我国大多数贫困地区都无法方便地获取天然气，而且昂贵的前期费用、运营以及后期的维护费用对于普及电力和安装基本天然气管道来说都是必需的。然而，没有合适的机构会承担这些费用。同时，基础设施的普及也与乡村规划和经济形势密切相关。根据一些地方政府在特大城市（如北京和上海）发起的村庄天然气项目，管道建设成本约为 23 万元／公里。贫穷的村庄通常会被不合理的规划布局所困扰，这也使得基础设施建设更加困难。此外，天然气管道在农村被广泛修建是一个高风险的因素。

第四，居民对能源贫困的重视程度远未令人满意。

与室外空气污染相比，因能源匮乏而产生的室内空气污染并没有引起足够的重视。如果在百度搜索"环境空气污染"，可能会有超过 1 600 万的搜索结果。然而，如果我们搜索"室内污染"（不包括家居装饰污染），我们可能只会得到相对较少的结果（在 2017 年 11 月 29 日该项搜索结果是 0.59 万件）。家庭使用煤和稻草等固体燃料的家庭成员通常受教育程度较低，相对不愿接受新的燃料和设施。根据中国家庭追踪调查（CFPS）的数据，34% 的使用木柴的家庭居民是文盲，30% 的使用木柴的家庭居民只接受了小学教育。其次，农村居民对环境问题、室内和室外空气污染不太敏感，缺乏改变居住环境的积极性。2016 年我们在农村进行的调查显示，大多数农村居民承认煤炭对健康有害，但他们不认为木柴和稻草是有害的。

第五，处理木柴和稻草的方法很少，扔掉它们是一种浪费。

尽管近年来农村居民减少了木柴和稻草的使用量，但完全不使用的话，仍有很长的路要走。勤劳节俭的传统美德深深扎根于中国，而薪柴和稻草则是农村居民的免费可再生能源。一方面，居民在不使用这些能源的情况下，将支付商业能源的费用；另一方面，他们会花一些时间和精力来处理这些废物。即使一些居民同意购买商业能源，但由于技术有限，我们不能有效地解决农村地区大量的木柴和秸秆问题。对于那些盛产木柴和稻草的地区来说，放弃或减少使用这些燃料实际上是在浪费资源。

传统的固体生物质能源，如木柴和稻草，是可再生的，从环境的角度来看，它有利于发电和生物燃料（如生物柴油和乙醇）的生产。然而，生物质分布在广阔的农村地区，很难实现有规模的收集并集中使用在规模发电或生物燃料生产过程中。而且，传统的固体生物质能源目前的发电能力与风能等可再生能源相比，没有成本优势。因此，在农村特别是山区或高原地区，交通不便带来柴草和稻草的集中困难是清洁能源引进的障碍之一。

最后，传统的生活方式在短期内很难改变。

在一些农村或少数民族分布地区，某些特定的饮食或加热习惯很难在短时间内改变。有些家庭更喜欢木柴，即使清洁能源是可得的，而且价格实惠，他们也会坚持原有的选择。某些村民认为，与现代的煤气灶相比，用木柴生火的食物更美味。山东和河北的调查显示，高达90%的家庭使用传统的炉灶蒸面食。一些家庭更喜欢用木头、稻草和其他固体燃料作为主要能源来热炕。长期使用这些对环境和健康都有负面影响，但到目前为止还没有找到更好的替代方法。

马铃：对于推进我国农村的能源政策改革，您有哪些建议呢？

何凌云：根据中国农村能源贫困的现状和实际，应采取以下应对措施：

一是要坚持扶贫政策，确保农民的负担能力。

也许，能源部门改善贫困人口生活的最重要方式是通过帮助增加他们的收入。减轻贫困和增加收入可以解决缺少食物和衣物的问题。此外，与发展和公平有关的能源需求也能得到满足，从而可以做到节能、省时和提高工作效率。最终，一个良性循环可以形成，这有助于积累财富。

二是要加快基础设施建设。

加快基础设施建设是推广清洁能源的基础，也是消除贫困的重要途径之一。健全的基础设施将有助于实施有关扶贫政策，帮助改善农村生产和生活条件。例如，新一轮农村电网改造、升级工程是很有必要的，可以提高电力普及率，确保稳定、可靠的电力服务。同时，根据当地条件，改善农村地区的道路、生活环境，加快利用可再生能源，如小水电、太阳能、风能等新能源，也是可行的。在靠近市区的一些农村地区，天然气管道也是另一种选择。

三是要坚持"煤炭清洁燃料"政策，改善供热供应。

鼓励农村居民使用电力或天然气，而不是用分散的煤来取暖。为了促进使用清洁燃料取暖，政府提倡基于地区资源禀赋和特点的燃料转换。如果用天然气取暖比用煤取暖更方便、更便宜，我们应该大力推广天然气的使用；如果用电代替煤粉更方便、更便宜，那么我们就应该大力推广用电。这一政策也可以增加辅助设备的市场容量。使用更清洁的取暖燃料可以解决与居民密切相关的问题，改善他们的福利。

四是加强教育，提高环境意识。

农村能源改革的最基本条件是要改变农村居民的环境意识。关键是要加强教育，提高农村居民对能源贫困和能源污染的认识。政府可以播放与能源有关的视频，张贴海报，进行专题讲座，以确保农村农民，特别是儿童意识到室内空气污染会导致中风、哮喘、慢性阻塞性肺病和其他呼吸系统疾病。鼓励居民参与行动，消除能源贫困，促进居民和管理人员之间的协调，以消除能源贫困。

五是要规范能源的使用行为。

家用电器使用的效率和服务寿命，与用户的具体能源行为密切相关。因此，应普及家用电器的适当使用知识和预防风险措施，并保证定期进行家庭

检查，延长家电的使用寿命。此外，还应鼓励居民养成良好的习惯，如定期维护，使用干燃料，打开窗户，打开通风设备，分隔厨房和卧室。

六是要将秸秆和燃料木材商业化，以提高其利用效率。

由于节俭的传统美德和低收入水平的限制，农村居民可能不会放弃使用木柴、稻草和其他免费燃料。目前的解决方案是将生物发电、制造沼气、纸浆等生物燃料商业化，农村居民可以出售这些生物质燃料来增加收入。通过这样做，既可以使农村居民有能力购买清洁的商品能源以满足基本的能源需求，又将加速促进商业能源的发展。其他诸如优化补贴等政策也是有益的。例如，要采取更有效的补贴政策，将原来的政策转化为补贴，以刺激清洁能源使用量的提高。

专题十三

中国城乡关系 40 年：演变与展望

▶

　　张正河　1964 年生人。现任中国农业大学经济管理学院教授、博士生导师，中国农业大学中国县域经济研究中心主任。主要研究领域：区域发展与城镇管理、涉农企业管理以及县域经济发展。中央组织部专题主讲教授，清华大学、中国人民大学和甘肃农业大学客座教授，国家"三化同步"战略研究首席专家，中国农业专家顾问团成员。兼任中国农业企业管理研究会理事长，中国人民大学反贫困研究院副院长，中国农业产业化学会副秘书长。兼任多个省市政府的经济顾问和相关部委的专家。公开发表学术论文 150 余篇，出版著作与教材 30 多部，策划主持大型论坛 50 多场，主持企业、市、县、村产业设计规划 45 个。曾获省部级科技进步奖、社会科学成果奖、政府奖、省部级优秀中青年骨干教师等奖项。

观点摘要 >>>

1．改革开放以来，中国城乡关系演变过程整体上可分为两个阶段：以乡育城阶段（1978—2002 年）；以城带乡阶段（2003 年至今）。

2．从对外开放到市场经济体系建立，这一时期城乡关系的显著特点是小城镇崛起。

3．从市场经济体系建立到 21 世纪初期，我国的工业化和城镇化发展迅速，城市的发展必然离不开乡村的支持，包括劳动力、土地和资本。

4．进入 21 世纪后，中国政府开始注重城乡协调发展，城乡关系进入新的阶段。根据政策可划分为两个时期：强农惠农政策推进期（2004—2011 年）；城乡统筹发展探索期（2012 年至今）。

5．城乡统筹发展必然面临着城乡利益格局的调整，为此我国政府一直从政治、经济、公共服务、制度创新等各方面努力。

6．党的十九大报告提出乡村振兴战略，未来中国城乡关系将从上一时期的城乡统筹发展向城乡融合发展转变，中国城乡关系将进入新的历史发展时期。

7．不同地理位置的乡村，在各方面都存在很大差别；实行乡村振兴战略中需要因地而异，采取不同的振兴政策。

　　城乡关系是人类社会发展中最基本、最重要的关系之一。如何处理城乡关系是任何一个国家在现代化过程中都需要面临的核心问题；城乡关系处理得如何，基本决定了一个国家的经济社会发展水平及其现代化的道路选择。因此，城乡关系问题在各国发展进程中都受到高度重视。

　　城乡二元结构是中国经济的重要特征。作为一个农业大国，中国城乡关系的发展一直是经济社会领域的重大问题。因此，不论是改革开放之初，还是进入 21 世纪后，协调城乡关系，促进城乡和谐发展，一直是学术界和政策制定者关注的重点话题。

　　改革开放以来，伴随着经济社会转型，中国的城乡关系发展经历了一个从差距趋向缩小，再到急剧扩大，转而统筹协调发展，最后走向城乡融合的发展历程。在改革开放 40 年之际，总结、汲取和谋划中国城乡关系发展中的经验、教训以及未来城乡关系发展方向，对构建新型城乡关系、全面建成小康社会，进而实现中华民族伟大复兴具有极其重要的意义。

　　关于城乡关系问题，国家"三化同步"战略研究首席专家、中国农业大学张正河教授及其研究团队有着深厚的研究积累和较高的学术影响力。为此，在改革开放 40 年之际，围绕改革开放后中国城乡关系新特点、新变化、新问题以及新展望等，我如约对张正河教授进行了专访。

（马　铃）

马铃：张老师，您好！从中华人民共和国成立到改革开放，城乡之间的关系特点是什么？背后的主要原因是什么？又带来怎样的影响？

张正河：这一时期，城乡关系表现为二元结构形成并固化，城乡隔离，社会价值层面的城市偏向确立。中华人民共和国成立初期，作为一个生产力发展水平极端落后的农业大国，国家为推进工业化，在农村和城市进行了一场规模浩大、持久深远的社会变革，建立了计划经济体制。在这一阶段，国家把粮食增长作为长期政治目标；工业化发展单兵突进，实行农产品价格"剪刀差"，压低农产品价格，依靠农业生产为工业提供超低的原材料资源，依靠农业人口为工业配套提供人力资源，完成工业化原始积累。这种转移的规模约 7 000 亿元。据世界银行的资料显示，1976 年中国制造业增加值占商品生产增值的比重已高达 51.6%，进入了"半工业化"国家的行列。本质上，这是一种强制性的、以牺牲农业为代价的极端工业化，虽然奠定了现代工业体系的基础，但也导致农业现代化发展严重不足。为了解决人民温饱问题，农业生产的发展方针是以粮为纲，没有实现全面发展。农业生产被排除在现代化发展之外，还停留在传统生产阶段，严重落后于工业发展。

同时，农村开展农业合作化运动，将农民土地私有制改为合作社性质的集体所有制，集中的生产方式和平均的分配方式超越了当时中国生产力发展的现实水平，抑制了农民的劳动积极性，从而制约了农村经济的发展。同时，与这种生产制度配套的二元化户籍制度严格限制城乡之间劳动力的自由流动。20 世纪 50 年代初期，政府就采取了严格的户籍制度管理人口，并从各项政策、管理制度等方面限制农村人口流入城市。到 1978 年，仍有 82.08% 的人口生活在农村，而当年的农业产值却仅占社会总产值的 22.9%。这一时期的人口城镇化速度相当缓慢，近 30 年间仅增长了 7.22 个百分点，平均每年增加约 0.25%。

马铃：1978 年实行对外开放后，国家也在各方面、各领域对原有的经济制度进行改革，这些改革使城乡关系发生了什么变化？

张正河：变化很大。从改革开放到市场经济体系建立，中国城乡关系从"大二元"经济结构进一步发展出"小二元"结构，即除了乡村中以农业为主的传统经济和城市中以工业为主的现代经济并存的经济结构，乡镇中也存在着传统农业经济和乡镇工业经济并存的二元状态。家庭联产承包经营制度的确立和乡镇企业的出现释放了乡村在计划经济体制下积压多年的活力，一定程度上弱化了城乡二元分割。农民收入显著提高，城乡差距快速缩小，城乡矛盾缓和。同时，小城镇为农业剩余劳动力在城市和乡村之间提供了一个中间选择，在国家政策的鼓励和支持下，小城镇快速发展。这一时期，即 1979—1992 年，可以称为农村体制改革和小城镇崛起期。

马铃：小城镇为什么可以崛起？农村体制改革是主导原因吗？

张正河：不是所有原因，但是主导原因之一，另外一个是人口流动制度性障碍的破除。

马铃：那么，小城镇是如何崛起的？

张正河：1982 年 1 月，党中央出台文件明确包产到户、包干到户等都是社会主义集体经济的生产责任制。此后，中国政府不断稳固和完善家庭联产承包经营制度，迅速解决了以前几十年没有解决的温饱问题。随着农民劳动生产率的提高，到 1985 年前后，全国大多数地方出现了农业劳动力富余的现象。然而，在当时人口流动被严格约束的情况下，农业剩余劳动力难以向城市中的现代工业部门流动，这促成他们在乡村附近办起了工厂，"离土不离乡"。这就是中国农民的"造厂运动"。此外，1985 年，国家取消了实行长达 30 年之久的农产品统购派购制度，此后逐步放开了大多数农产品的经营，越来越多的农产品实现了市场定价，进一步放活了农村经济，促进了农民收入的增加。

经过十年左右的迅猛发展，在中国农村特殊的历史条件下产生的乡镇企业，逐渐成为国民经济的重要支柱，成为中国工业化、城镇化的重要驱动力量，甚至在国际上形成工业化的"中国模式"。乡镇企业吸引了大量农业剩余劳动力加入。

随着人口流动的制度性障碍逐步破除，乡镇企业逐渐从农村工业化模式向小城镇模式演进，加之中央政府鼓励小城市成长及发展农村集镇新政策的配合，使得小城镇大量涌现和迅速发展。到1992年，全国建制镇数量达到1.45万个，全国城镇化水平由1978年的17.92%上升至27.63%，速度较上一时期大幅提升。

马铃：1992年市场经济体系建立是我国经济社会发展历程中的重要标志性事件之一，城乡关系有没有因此而发生变化？

张正河：市场经济体系建立后，市场经济改革继续深入，成为中国城镇化的强大动力。以行政力量安排的工农产品价格"剪刀差"逐步消除，基本实现了商品平等交换。但是，效率优先导致了生产要素配置中的"剪刀差"，工业化和城镇化发展的吸引走了大量廉价的农业要素资源。劳动力、资金、土地等要素向城镇和工业部门快速流动，特别是向大城市聚集，以轻工业、制造业为代表的工业蓬勃发展，城市聚集效应为第三产业的发展提供动力，城市人口和规模迅速提升。这就是中国农民的"造城运动"。这期间第一产业增加值占国内生产总值的比重持续下降，第三产业增加值占比稳步提升，城镇化速度很快，人口来源的主力就是农业转移人口。和上一时期农村人口以流入小城镇为主也有所不同，这一时期城乡间人口流动分布开始呈现出复杂性，省际乡城流动、迁移开始大规模出现。

城市的发展必然离不开乡村的支持：一是，提供大量廉价的劳动力；二是，提供了廉价的土地资源；三是，提供了资金支持。同时，"多取少予"是这一时期农村领域中国家政策的主要特征。"多取"是指农民支出的名目多样。农民在向国家缴纳农业税、农业特产税和屠宰税等税费的同时，要向乡镇、村缴纳提留统筹费以及其他一些集资和摊派，还要无偿提供义务工和积累工。"少予"是指财政支农不足。

因此，这一时期的城乡关系表现为城市的快速发展吸引着农村的劳动力、土地、资本资源流向城市的经济部门，从而进一步推动城市发展。农村领域的国家政策"多取少予"，未能照顾到城乡之间的不均衡发展，城乡差距逐渐扩大。这一时期，即 1993—2003 年，可以称之为城市虹吸农村资源期。

马铃：从改革开放到市场经济体系建立，似乎都是"乡村"在支持"城市"，是这样吗？

张正河：可以这么说。1978—2002 年，城乡关系在实质上依然是农村哺育工业、农村支持城市。如果从中华人民共和国成立开始算起，到 2003 年，这一时期的城乡关系可以概括为以乡育城。

马铃：为此，我们付出了怎样的代价？

张正河：这一阶段，在工业化、城市化快速发展的同时，乡村自我积累和自我发展的能力也在不断被削弱，城乡间社会发展和居民收入的差距在经历了 20 世纪 80 年代前期短暂的缩小之后，开始拉大。城乡之间社会发展的差距，最明显表现就是城市现代化程度越来越高，而村庄却在逐渐败落。具体表现为以下几点：一是村庄数量急剧减少，其中包含大量传统古村落。虽然村落的消亡是城镇化过程中难以避免的现象，但中国村庄减少的速度之快令人担忧。二是乡村美丽受破坏，大部分乡村的自然纯美已不复存在。三是村庄空心化，资产浪费严重。

同时，城乡居民收入的差距由 1978 年的 2.57 ∶ 1 扩大到 2003 年的 3.24 ∶ 1。城乡居民收入差距的扩大，进一步产生消费差距、储蓄差距、财产差距乃至对教育的投入差距等。

然而，城乡间的差距不仅仅体现在经济方面，还体现在社会、政治地位上。例如，农村和城市每一名人大代表所代表的人口数并不相同，农村每一位人大代表所代表的人口数约为城市的人大代表所代表的人口数的 4 倍。此外，进入城市的农民无法在城市落脚，享受不到相同的待遇，难以真正融入城市，甚至受到冷眼和歧视。城市中心主义开始蔓延至社会价值领域，农民在这种城市文明主导的语境中仿佛成为社会底层的代名词。

马铃：进入 21 世纪后，城乡关系出现了重大转变，还仍然是"以乡育城"吗？

张正河：在市场效率优先的调节作用下，依然是城市虹吸农村资源。但进入 21 世纪后，中国政府开始注重城乡协调发展，城乡关系进入新的阶段。2004 年中央经济工作会议首次作出中国现在总体上已进入了以工促农、以城带乡的发展阶段的判断；党的十七大报告明确指出"充分发挥城市对农村的带动作用和农村对城市的促进作用，实现城乡一体化发展"；党的十八大报告提出"促进工业化、信息化、城镇化、农业现代化同步发展"。2004 年至今，中央 1 号文件连续聚焦"三农"，这 14 个中央 1 号文件体现了国家意志，突出城乡统筹，每一年度都各有侧重。自 2004 年至今，城乡关系可以概括为以城带乡。之所以发生重大转变，其现实背景可以简单概括为两个方面：一方面，中国加入 WTO 后，为了遵循 WTO 规则，要求政府必须对城市和农村的公共管理政策进行改革；另一方面，随着中国社会主义市场经济体制的逐步建立，不断加剧的"三农"问题及不断扩大的城乡差距已经成为中国经济社会发展的瓶颈。在这种内外因素的共同作用下，中央和地方高度重视"三农"问题。

马铃：我国政府是如何"以城带乡"的？

张正河：以城带乡，可以分为两个时期来看：一是强农惠农政策推进期，即 2004—2011 年。这一时期，中国政府针对农村的宏观政策开始调整，城乡关系开始转向一体化发展的方向。2004 年，中国在人均 GDP 超过 1 000

专题十三　中国城乡关系 40 年：演变与展望

美元时，明确提出"两个导向"的发展政策，标志着"工业反哺农业，城市带动农村"的发展观正式确立，强农惠农的政策体系不断完善。在这一基本思路的指导下，2007 年首次提出"用现代产业体系提升农业"，鼓励以产业链方式延伸到农产品加工领域，标志着工业和农业关系开始由松散型向紧密衔接型转变。通过工业装备、科学技术支持农业，有效地引导农业生产经营主体按照市场需要组织生产和销售，实现产加销一体化经营，推进农业的专业化、标准化、规模化和集约化发展。

二是城乡统筹发展探索期，即 2012 年至今。2012 年以来，中国农业现代化转型加快，新型工业化加速，农业现代化与工业化的差距趋于缩小，城乡关系逐步进入统筹发展阶段。产业方面，国家提倡农村一、二、三产业融合发展，旨在拓宽农民增收渠道、构建现代农业产业体系。在尊重农民意愿的基础上，大力推进农村产业结构调整优化，即从传统时代的单一种植业结构，逐步调整到多元化产业结构，逐步细化，将使农业产业结构愈来愈合理，生态循环愈来愈平衡，经济效益愈来愈提高。

马铃：2004 年以来，统筹城乡发展成为我国政府处理城乡关系的主要政策，在统筹的过程中必然面临着城乡利益格局调整，那么围绕城乡利益格局调整，我们国家的政策措施主要包括哪几个方面？

张正河：政策措施主要包括以下几个方面：一是政治方面，赋予农民的国民待遇。如取消城乡差别，逐步改革户籍管理制度，减少了农民工进城务工的限制，解决农民工子女进城入学难的问题等。二是经济方面，取消农业税，增加补贴；同时，取消面向农民的各种不合理收费，财政资金逐渐加大农村基础设施的投入比重，增加对农村农民的各种补贴等。三是公共服务方面，完善农民的社会保障机制。全面实施农村义务教育经费保障机制改革，建立新型农村合作医疗制度，全面建立和完善农村最低生活保障制度，新型农村社会养老保险制度开始在全国范围内试点等。四是农村人才方面，有进有出，逐步提高农村人员的知识和技能水平。如国家通过"村官"等方式引导大学生深入农村，国家和地方通过各种农民和农民工培训工程提高农民素质等。五是制度创新方面，通过各种措施探索改善城乡关系的新方法。如设立城乡统筹配套改革实验区、农村改革综合实验区等。

通过一系列强农惠农政策、制度的出台和实施，中国长期以来的城乡二元分割局面得到了一定程度的缓解。尽管目前，中国的城乡差距仍然较大，但从长远来看，这是中国城乡关系演变的历史转折期对于中国城乡关系健康发展具有重大意义。到2011年，中国的城镇化率首次超过50%，取得了历史性的成就。

马铃：为更进一步统筹城乡发展，在助力乡村发展的政策和制度方面发生了怎样的变化？

张正河：助力乡村发展的政策和制度不断创新，具体体现在："多予"，即继续加大对"三农"的投入；"少取"，即减轻农民负担，保护农民合法权益；"放活"，即搞活农村经营机制，消除体制束缚和政策障碍，给予农民更多的自主权，激发农民自主创业增收的积极性；城乡一体化设计与实践。把农村和城市作为一个有机整体，对基础设施、公共服务、社会保障、户籍管理、要素流动等进行统一总体规划，明确区分功能定位，使城乡发展能够互相衔接、互相促进。同时，加强农民工的权益保护，改善农民劳务输出的环境，提高农民就业率。

马铃：统筹城乡发展、实行一体化发展战略的目标是改善农村落后于城市的局面，在实现这一目标的过程中，有没有出现新问题？

张正河：有。尽管这一阶段的政策在逐步破除城乡二元的制度障碍，试图校正过去的资源单向流动，让二者互动起来。然而，由于城市在经济发展水平、收入水平、职业多样性、公共服务以及文化氛围等方面远远优于乡村，对人口、资本、土地等生产要素具有强大的吸力，而与之相比，乡村不但吸力不足，城乡的巨大差距还形成了推力，将资源推往城市。因而，想要使城乡资源双向互动起来，还需要进行更多努力。

目前，中国城市和乡村在区域规划和生活环境方面均存在问题。城市盲目追求高楼大厦，导致交通拥堵、污染严重、居住空间狭小，而乡村的道路、污水处理、垃圾清理等与城市还有质的差距。文化层面，以城市为主导的社会价值依然是主流，尚未从根本上发生转变。

此外，城乡协调发展并不是把乡村建设成小一点的城市。一些地区盲目建设新农村，建设好的新房空置，造成资源浪费；原本富有乡村文化的乡村景观遭到破坏，农村建设千篇一律；撤村并居，让村民"上楼"，造成农村居民生产生活不便利等问题渐渐凸显。

马铃：未来的城乡关系该走向何处？对未来的城乡关系，您有什么期待？

张正河：目前的城乡关系是自然、历史、政策多重因子作用下演化的结果。通过对中国城乡关系演变历程的分析可以看出，中国工农城乡关系的演变经历了一个独特的发展轨迹，它不是一个单纯的经济过程，在其形成与发展过程中非经济因素在起重要作用，因此通过人为的干预可以改变其今后发展的方向。所以，工农产业关系及同时产生的城乡关系，是中国政府面临的诸多矛盾中不得不处理、最难处理、影响面非常广且持久的矛盾，这一矛盾正在考验中国政府的智慧和行政能力。

2017 年，党的十九大报告提出乡村振兴战略，未来中国城乡关系将从上一时期的城乡统筹发展向城乡融合发展转变，中国城乡关系将进入新的历史发展时期。

新时期，城乡关系将走城乡融合发展的道路。城乡融合发展不是城市和乡村完全一致发展，不是将乡村变成另一种城市。城乡的融合发展应该是将城市和乡村看作人类生活体系中平行的、等值的两个组成部分，可以平等对话，在社会价值层面没有高低优劣，更不是附属和依存的关系。

新时期，中国城市与乡村的居民将仅是职业的差别。未来农业劳动生产率将逐步提高，农业从业人口将不断减少。国家支农的力度加大，农民收入水平提高，农民职业化将逐步实现，即农村人口实现从农村居民向现代农业从业者的转变。土地要素将进一步市场化，土地经营多样化，土地利用率提高。农村产业结构不断优化，产业多元化发展。

新时期，城市和乡村将只有景观差别。城乡融合更深的含义，是二者相互吸收对方的优点、避免不足。城市要吸收乡村以下特点：良好的自然风光与生态环境，绿树如荫，湖光山色。同样，乡村也要吸收城市的长处：完善的基础设施与便利的生活服务，比如自来水、下水管道、污水处理、网络通信等基础设施，以及银行网点、购物、公共交通等生活服务。在居住房屋方面，无论居住在城市与乡村，基本的生活品质不应有太大差别。城市需要变得更生态、更绿色、更宜居，而乡村应该在基础硬件上加大投入，应该更清洁、更便利、更环保。

同时，教育、卫生、文化事业与环境保护的水平需要不断提高，应改善农民生产、生活条件，转变社会治理模式。

马铃：为实现满怀期待的城乡关系，您认为政府应该怎么做？

张正河：从中华人民共和国成立后中国城乡关系曲折发展的经验和教训我们不难发现，每一次城乡发展的变化与转折都源于国家政策的调整。因此，国家政策是影响中国城乡关系的首要因素。政策方向应集中在以下几点：

在尊重市场的同时，充分利用政府宏观调控，加大城市对农村的反哺力度。在改善城乡关系时，必须充分发挥市场机制在城乡资源分配方面的基础和主导地位，但同时必须运用政府的宏观调控，将更多的资源分配到农村去。

高度重视农村人才的培养和聚集，解决农村人才短缺问题。在区域产业发展中，人才是最重要的资源。但由于各种原因，目前城乡之间的人才过度失衡，大量的人才集中在城市。因此，要实现城乡融合发展，就必须创新机制，解决农村人才短缺的问题。如果没有政策引导，农业与乡村对于精英人才尚未形成足够的吸引力。

注重城乡的差异化、多元化发展，充分发挥城乡的比较优势。一方面，城乡发展并不是要求乡村都发展成为城市，与城市的功能一样，或者盲目奢求城乡同步发展。和谐的城乡关系应当是指城乡可以平等发展，而不是当前的城市迅速发展而乡村落后萧条的情况。城乡协调发展是指城市拥有城市的功能，乡村发挥乡村的优势，两者在功能定位和景观上有差异，但基本居民生活质量应该是在同一个水平上的。另一方面，由于中国不同地区差距较大，发展不平衡，即使在同一个地区，其各个地方的情况也都不一样，这就要求我们必须走多元化道路。

马铃：城乡融合发展、优化城乡关系离不开乡村振兴，党的十九大报告将乡村振兴战略列为新时期重大战略之一，您认为应该如何实现乡村振兴？

张正河：中国自然、经济、社会条件区域差别很大，不同地方、不同产业发展的制约因素不同，必须建立大国的多元化模式，因此，应研究短腿领域，确定关键环节，实行"保强扶弱"。

为了尽快补齐农业与乡村发展滞后的短板，在生产要素配置上，应做如下政策引导设计：一是资金要素。以工补农，重点设计财政支农的领域、方式；强化农业、粮食的安全；增加农村财产收入，发展普惠金融等。二是土地要素。促进流转，重点设计计划区规划，分类推进土地流转，实现空心村土地、污染地的整理与利用。三是人口要素。重点设计大规模流出和农村精英输入相结合，实现农业从业人员的少而精，充分利用返乡创业和大学生村官，发展零破坏性的适宜性产业。四是科技信息要素。重点推进农业科技应用，发挥科技的创新主体、应用主体和"媒人"能力，设计标准化和科技报务体系，实现分散经营条件下基本农业现代化的路径。五是经营机制。依照多元主体的多样诉求，重点设计经营主体（传统农户、兼营农户、家庭农场）、合作社、涉农企业在实现农业现代化中的角色。

马铃：在实行乡村振兴战略中针对区域条件差别很大的乡村，需要采取怎样不同的振兴政策？

张正河：由于地理位置不同，不同地区、不同类型村庄的发展方向会有很大差别。具体来看，对于长三角地区、珠三角地区、环渤海地区及 100 万人口左右的中心城市（镇）周边涉农区域的村庄，这类村庄交通区位条件好，经济实力比较强，村庄建设应纳入城镇甚至都市圈发展的统一规划中。下一步的重点和难点工作是"城中村"改造，村改居设计，垃圾处理及环境治理，土地及房产估价，门面房的增值、产权纠纷，失地而无业人员的生活保障，社会安定措施等，这些都是提高城镇化质量的着力点。

对于乡镇及中心村，这类村庄的重点工作应放在完善村庄的居住功能、生产功能上。由于人口外出打工的比例高，应重点解决宅基地总量不增问题，空心村土地整理与置换、畜牧业、二产功能与居住的分区，作物秸秆等生产生活垃圾处理、基础设施建设与管护等问题。其中，行政村用地规模小于 50 亩地的村庄原则上不再进行大规模的建设投入，逐步引导其搬入城镇或保留重点发展的村庄。

对于山区边际村及处于危险区域的村庄，这种类型的大部分村庄，应将搬迁、综合防灾作为村庄管理的主要内容。对搬迁村民进行心理分析、经济分析、社会学分析，设计山区农民能接受的方案。如中国纳入 14 个扶贫片区的乡村，分散在交通不便的深山，原则上由政府主导，建立生态补偿机制，采取多种迁建途径，搬迁到重点发展的村庄，也可根据农民意愿部分迁入城镇。

对于历史文化村镇，保护传统村落与城镇化，二者不矛盾，无论新农村建设还是新型城镇化，保护具有文化价值的传统村落是第一位的。对位于风景名胜、历史文化遗迹一级保护区内的村庄，一定要保存保护好。村庄的功能结构可以有所调整，结合整个文化保护区的旅游活动，适当设置一些家庭旅馆、餐馆和民俗活动场地，适度发展民俗旅游；有些村庄应结合地理优势、文物古迹及自身特点，大力发展小品种果品和特色果品种植业，以期带动民俗旅游业等综合产业。

马铃：自从乡村振兴战略提出后，似乎流传一种观点，认为乡村振兴是一种"逆城镇化"，您认同这种观点吗？或者说乡村振兴和城镇化是一个怎样的关系？

张正河：我不认同这种观点，城镇化和乡村振兴是相互促进、相互依存、共同发展的关系，它们不是对立的，而是统一的。城镇化需要农业，并且会促进农业现代化的实现；城镇化不拒绝村庄，相反城镇化会促进美丽中国、美丽村庄的实现。农业是国民经济的基础，只有农业和粮食安全得到保障，城镇中工业和服务业才能有坚实的基础；加快农业现代化能为工业化和城镇化增加土地、劳动力、农产品供给，同时提高农民收入，扩大工业品销售市场；工业是国民经济的动力，加快工业化、城镇化进程，有助于农业现代科技、物质装备的和农产品市场的升级和扩大。城镇是现代化社会科技发展的载体，对农村人口具有较强的吸引力和容纳能力，促进土地的适度规模化经营，提升农业生产效率；乡村是现代化社会生态环境的缓冲，是心灵的缓冲，是中国传统文化的传承地。在中国全面深化改革进入攻坚期的历史阶段，必须处理好城乡关系，走城市和乡村融合、协调发展的道路，中国作为全球第二大经济体才能平稳、有序地完成经济转型。

图书在版编目（CIP）数据

大邦之本：中国农村改革40年 / 苏保忠，马铃，辛贤
编著. —北京：中国农业出版社，2018.12
　ISBN 978-7-109-24754-3

Ⅰ. ①大… Ⅱ. ①苏… ②马… ③辛… Ⅲ. ①农村经
济－经济体制改革－成就－中国 Ⅳ. ①F320.2

中国版本图书馆CIP数据核字（2018）第239544号

中国农业出版社出版
（北京市朝阳区麦子店街18号楼）
（邮政编码 100125）
责任编辑　孙鸣凤
————————————————
北京通州皇家印刷厂印刷　　新华书店北京发行所发行
2018年12月第1版　　2018年12月北京第1次印刷
————————————————
开本：700mm×1000mm　1/16　印张：12.5
字数：210千字
定价：68.00元
（凡本版图书出现印刷、装订错误，请向出版社发行部调换）